Sarah Kettner
Susanne Kobel
Olivia Wartha

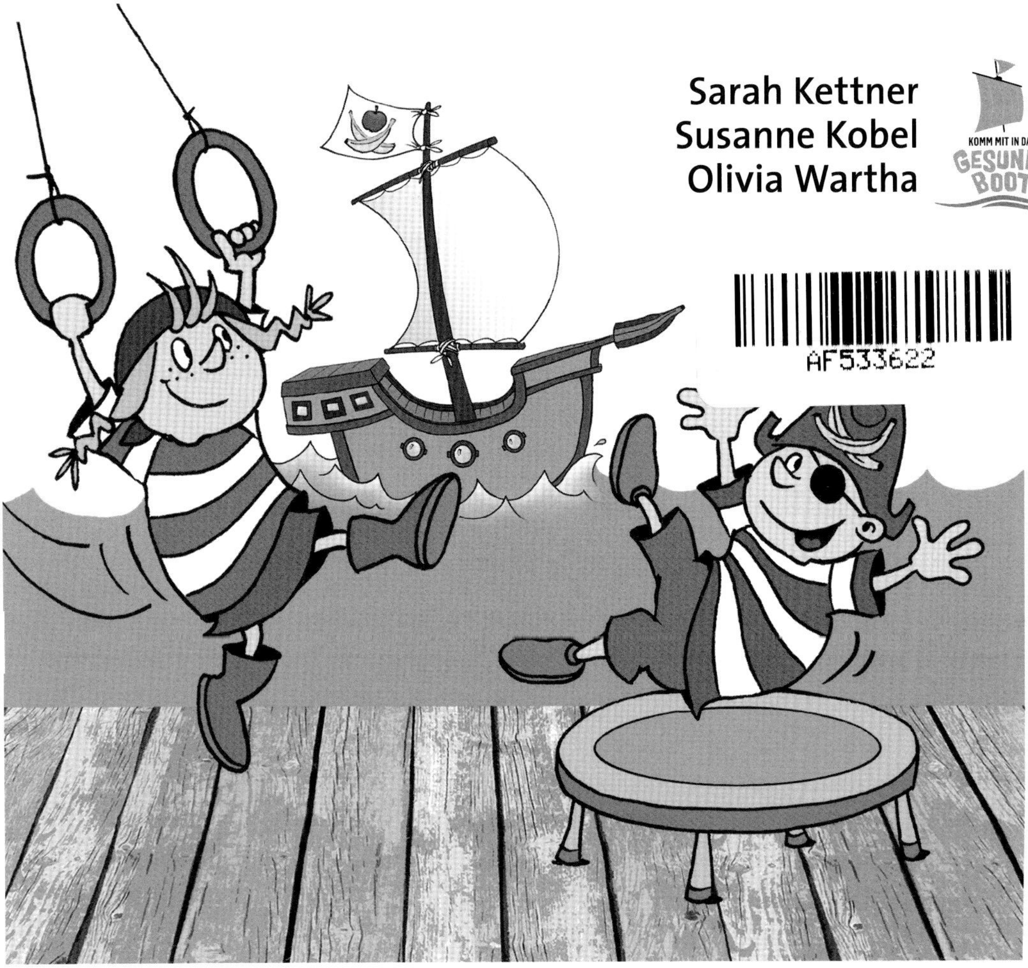

60 Ideen für Bewegungslandschaften

Komm mit in das gesunde Boot – Ein Programm der Baden-Württemberg Stiftung

Autorinnen:
Sarah Kettner, Universitätsklinikum Ulm, Sektion Sport- und Rehabilitationsmedizin
Susanne Kobel, Universitätsklinikum Ulm, Sektion Sport- und Rehabilitationsmedizin
Olivia Wartha, Universitätsklinikum Ulm, Sektion Sport- und Rehabilitationsmedizin

Pädagogischer Beirat:
Sabine Grau-Schoppel, Lisa Groß, Sabine Patzwaldt, Ulrike Schöttle

Arbeitsgruppe „Komm mit in das gesunde Boot" der Universität Ulm:
Prof. Dr. Jürgen Steinacker, Sektion Sport- und Rehabilitationsmedizin (Programmsprecher)
Prof. Dr. Dr. Olga Pollatos, Institut für Psychologie und Pädagogik, Abteilung Gesundheitspsychologie
Prof. Dr. Rainer Muche, Institut für Epidemiologie und Medizinische Biometrie

Herausgeber:
Baden-Württemberg Stiftung gGmbH
Kriegsbergstr. 42 – 70174 Stuttgart
Tel. +49(0)711 2484 760
info@bwstiftung.de, www.bwstiftung.de

Verantwortlich:
Birgit Pfitzenmaier
Abteilungsleiterin Gesellschaft & Kultur

Die Baden-Württemberg Stiftung setzt sich für ein lebendiges und lebenswertes Baden-Württemberg ein. Sie ebnet den Weg für Spitzenforschung, vielfältige Bildungsmaßnahmen und den verantwortungsbewussten Umgang mit unseren Mitmenschen. Die Baden-Württemberg Stiftung ist eine der großen operativen Stiftungen in Deutschland. Sie ist die einzige, die ausschließlich und überparteilich in die Zukunft Baden-Württembergs investiert – und damit in die Zukunft seiner Bürgerinnen und Bürger.

5. Auflage 2024

Autor*innen: Sarah Kettner, Susanne Kobel, Olivia Wartha
Coverillustration: Julia Flasche (www.bombillu.com)
Illustrationen: Julia Flasche (www.bombillu.com), Bewegungslandschaften von Corina Beurenmeister
Satz: Fotosatz H. Buck, Kumhausen
Druck und Bindung: Druckerei Joh. Walch GmbH & Co. KG
ISBN 978-3-403-**07331**-4

www.auer-verlag.de

Inhaltsverzeichnis

Einführung

„Komm mit in das gesunde Boot“

Bewegung ist für eine gesunde und ganzheitliche Entwicklung im Kindesalter von besonderer Bedeutung. Die heutige Lebens- und Bewegungswelt von Kindern hat sich in den letzten Jahrzehnten jedoch zunehmend gewandelt: Immer weniger Kinder erreichen die aktuellen Bewegungsrichtlinien von mindestens 60 Minuten ausreichend körperlicher Aktivität. Gründe hierfür sind eine Abnahme an Alltagsaktivitäten (z. B. Aufzug anstatt Treppensteigen) und eine vermehrte Nutzung von Bildschirmmedien (z. B. Fernsehen, Computer). Viele Kinder leben in Städten oder an viel befahrenen Straßen und haben folglich auch weniger Spiel- und Bewegungsmöglichkeiten. Der daraus entstehende Mangel an elementaren Wahrnehmungs- und Bewegungserfahrungen kann bei Kindern zu individuellen motorischen Defiziten und einer Reduktion der täglichen Bewegungszeit führen. Nichtsdestotrotz haben Kinder einen „natürlichen“ Bewegungsdrang, sie sind neugierig und wollen ihre Lebenswelt auf vielfältige Weise entdecken.

Das Gesundheitsförderprogramm „Komm mit in das gesunde Boot“ setzt genau hier an! Die Förderung von ausreichender Bewegung sowie die Förderung einer sinnvollen Freizeitgestaltung und gesunder Ernährung sind ein zentrales Anliegen, um die Kinder in ihrer Entwicklung zu unterstützen und sie für einen gesunden und aktiven Lebensstil zu sensibilisieren. Das „gesunde Boot“ ist ein Programm der Baden-Württemberg Stiftung, das in Kindergärten und an Grundschulen umgesetzt wird und gesundheitsförderliche Inhalte der Bildungs- und Orientierungspläne berücksichtigt. Neben dem Elternhaus können insbesondere Lehrkräfte an Schulen sowie Erzieherinnen und Erzieher in Kindertageseinrichtungen den Kindern die Freude an Bewegung frühzeitig vermitteln, motorische Fähigkeiten und Fertigkeiten schulen und somit ihr Bewegungsverhalten positiv beeinflussen. Unterrichts- und Bewegungsstunden bieten dafür optimale Voraussetzungen. Dieser Band stellt Lehrkräften in Schulen und Betreuungskräften in Kindertageseinrichtungen eine Vielzahl an Bewegungsideen und -möglichkeiten mit verschiedenen Förderschwerpunkten im motorischen Bereich bereit, die in sogenannten Bewegungslandschaften integriert werden können.

Bewegungslandschaften

- … vermitteln den Kindern Spaß und Freude an Bewegung.
- … haben einen hohen Aufforderungscharakter.
- … bieten Kindern die Möglichkeit, vielfältige Spiel- und Bewegungserlebnisse zu sammeln, und regen ihre Kreativität und Fantasie an.

- ... fördern vielfältige Wahrnehmungs- und Sinneserfahrungen sowie individuelle Bewegungsfähigkeiten und -fertigkeiten.
- ... sind auch sehr gut geeignet für heterogene Gruppen mit unterschiedlichem motorischen Leistungsstand oder großer Altersspanne und integrieren dabei alle Kinder gleichermaßen.
- ... bieten für Kinder die Möglichkeit, Regelverhalten und den Umgang miteinander zu lernen, und tragen damit zu einer Stärkung sozialer Kompetenzen und des Gemeinschaftsgefühls bei.
- ... fördern das individuelle Risikobewusstsein von Kindern.
- ... sind mit emotionalen Erfahrungen verbunden, indem Kinder lernen, mit Erfolg und Misserfolg umzugehen, Herausforderungen anzunehmen und Ängste zu überwinden.
- ... können an die räumlichen Gegebenheiten individuell angepasst, beliebig variiert und erweitert werden.
- ... sind mit wenigen Wartezeiten verbunden und erhöhen damit die Spiel- und Bewegungszeiten.
- ... unterstützen eine offenere Form von Bewegungsstunden.
- ... sind für alle Altersstufen geeignet.

Konkrete Grundsätze zur inhaltlichen Umsetzung von Bewegungslandschaften

- Das Anforderungsprofil von Bewegungslandschaften sollte sich immer an der jeweiligen motorischen Leistungsfähigkeit der Gruppe bzw. den individuellen Bedürfnissen der Kinder orientieren. Im Zweifelsfall sollten die Anforderungen eher zu niedrig als zu hoch gewählt werden. Folgende methodische Prinzipien zur Durchführung von Bewegungsaufgaben können dabei eingesetzt werden:
  - vom Leichten zum Schweren
  - vom Bekannten zum Unbekannten
  - vom Einfachen zum Komplexen
- Grundsätzlich gilt es, den Kindern vielfältige Wahrnehmungs- und Bewegungserfahrungen zu ermöglichen, die zu einer Schulung der motorischen Grundfertigkeiten beitragen. Diese bilden sich insbesondere im Kleinkindalter aus und verbessern sich im weiteren Entwicklungsverlauf von Kindern.
  Hierzu zählen:
  - krabbeln – kriechen

- balancieren – gehen – laufen
- steigen – klettern
- hüpfen – springen
- stützen – hängen – hangeln
- schwingen – schaukeln
- rollen – wälzen
- rutschen – gleiten

- Zur Förderung des individuellen motorischen Leistungsstandes sollten als Grundlage für das Erlernen dieser motorischen Fertigkeiten umfassende Fähigkeiten im koordinativen und konditionellen Bereich ausgebildet werden:
  - Koordination
  - Schnelligkeit
  - Kraft
  - Ausdauer
  - Beweglichkeit

- **TIPP:**
  Um die Kinder auf die Bewegungsstunde einzustimmen und ihr Interesse und die Freude an der Bewegung zu wecken, bietet es sich an, den Kindern eine Einführungs- und Abschlussgeschichte zu erzählen. Das Piratenthema kann folgendermaßen aufgegriffen werden: Die Kinder befinden sich auf einer Weichbodenmatte, dem Piratenschiff Seegurke, und die Betreuungsperson erzählt dabei eine Geschichte.

- Zu Beginn der Stunde sollten sich die Kinder genügend aufwärmen (z. B. mit einem Fangspiel).

- Zum Abschluss der Stunde bietet es sich an, ein Spiel zu spielen, den Kindern eine Geschichte zu erzählen oder eine Entspannungsübung durchzuführen.

- Die Gestaltung der Bewegungsstunde kann auf unterschiedliche Weise erfolgen:
  - freies Spiel in der Halle, Kinder wechseln selbstständig die Gerätestationen
  - Kinder wechseln nach vorgegebener Zeit, auf ein bestimmtes optisches (z. B. rotes Chiffontuch) oder akustisches Signal (z. B. Gong) zur nächsten Gerätestation
  - Erzählen einer Geschichte, z. B. „Finn und Fine erkunden heute viele Länder ...“, dabei ist jedes Land eine andere Gerätestation

Empfehlungen zur Organisation von Bewegungslandschaften

Von Betreuungspersonen in Kindertageseinrichtungen oder Lehrkräften an Schulen wird der hohe organisatorische Aufwand beim Aufbau und der Durchführung von Bewegungslandschaften oftmals als problematisch angesehen. Nichtsdestotrotz ist es wünschenswert, den Kindern so oft wie möglich ein vielfältiges Bewegungsangebot bereitzustellen, da insbesondere Bewegungslandschaften einen hohen Aufforderungscharakter für Kinder haben.

Folgende Empfehlungen können hierzu gegeben werden:

- Absprache mit Kollegen und Kolleginnen oder Vereinen, die ebenso die Bewegungsräume bzw. Turnhalle nutzen.
- Absprachen und Aufteilung von Auf- und Abbau durch verschiedene Gruppen erleichtern die Umsetzung von Bewegungslandschaften; die Kinder können dabei den ganzen Tag die aufgebauten Gerätestationen nutzen.
- Die Planung des Aufbaus der Bewegungsstationen sollte gemeinsam mit den Kindern besprochen werden, um anschließend die Kinder in Gruppen aufzuteilen und die verschiedenen Gerätestationen gemeinsam aufzubauen.
- **TIPP:** Stationskarten mit Bildern der Geräteaufbauten können dabei an die Kinder ausgeteilt werden.
- Je mehr Übung die Kinder beim Aufbauen von Bewegungsstationen haben, desto schneller gelingt mit der Zeit der Aufbau.

Grundsätzlich lässt sich beim Sport und Spiel das Verletzungsrisiko nicht vollständig ausschließen. Vielmehr sollte man die Kinder dazu befähigen, dass sie die an sie gestellten Bewegungsaufgaben eigenständig bewältigen können. Im Rahmen von Bewegungslandschaften sollten dabei folgende sicherheitserzieherischen Aspekte beachtet werden:

- Kinder sollten die an sie gestellten Bewegungsaufgaben verstehen.
- Es ist auf ein angemessenes Schwierigkeitsniveau zu achten, um Über- und Unterforderungssituationen für Kinder zu vermeiden.
- Bewegungsaufgaben sollten von den Kindern jederzeit abgebrochen werden können, ohne dabei sich selbst oder andere Kinder zu gefährden.
- Zwischen Lehr-/Betreuungspersonen und Kindern sollten klare Absprachen getroffen sowie gemeinsame Regeln erarbeitet und eingehalten werden.
- Kinder dürfen sich beim Auf-, Um- und Abbau von Bewegungslandschaften nicht auf den Sportgeräten befinden.

- Es ist auf einen sachgemäßen Auf- und Abbau zu achten mit Überprüfung der Bewegungsstationen auf ihre Sicherheit (z. B. Sicherung durch Matten, Einsatz von Gurten etc.).
- Die eingesetzten Sportgeräte und Materialien sind behutsam zu behandeln (z. B. Matten nicht übermäßig knicken bzw. strapazieren).
- Die Hallenbedingungen und Sportgeräte sollten für die jeweiligen Bewegungsstationen ausgelegt sein und auf ihre Funktionsfähigkeit bzw. mögliche Mängel überprüft werden (z. B. Holzsplitter etc.).
- Es sollte auf einen ausreichend großen Sicherheitsabstand zwischen den jeweiligen Geräteaufbauten bzw. der Hallenwand geachtet werden.
- Schwung- und (An-)Laufbereiche sollten sich grundsätzlich nicht überkreuzen und freigehalten werden.
- Für Fall-, Abgangs- und Sicherheitsbereiche sollte genügend Platz geschaffen werden und diese ggf. mit zusätzlichen Matten gesichert werden.
- Einzelne Geräte sollten für einen sicheren Aufbau ggf. miteinander mithilfe geeigneter Materialien (z. B. Seile, Gurte etc.) verbunden werden. Seile gehören dabei in der Regel zum Inventar einer jeden Turnhalle, Gurte können im üblichen Fachhandel erworben werden.
- Zur Befestigung der Sportgeräte sind sehr gute Kenntnisse verschiedener Knotentechniken notwendig. Dabei sollten nur die Knoten eingesetzt werden, die auch sicher durchgeführt werden können. Nach dem Ende der Bewegungsstunde sind die Knoten wieder zu lösen.
- **TIPP:** Erfahrene Kolleginnen und Kollegen können zur Beratung herangezogen werden, weitere fachliche Unterstützung kann über Fachberaterinnen und Fachberater, Sportgerätehersteller, Unfallversicherungsträger etc. eingeholt werden.

Weiterführende Fachliteratur

- Bundesverband der Unfallkassen (2002): Sicherheit im Schulsport: Sportstätten und Sportgeräte – Hinweise zur Sicherheit und Prüfung. GUV-SI 8044 (bisher GUV 57.1.31), GUV-Informationen. München.
- Bundesverband der Unfallkassen (2002): Sicherheit im Schulsport – Matten im Sportunterricht. GUV-SI 8035 (bisher GUV 57.1.28), GUV-Informationen. München.

Knotenkunde

Palstek: Der Palstek-Knoten kann schnell erlernt werden und sorgt für einen sicheren und starken Halt. Dieser Knoten wird vorrangig dafür eingesetzt, eine stabile Schlinge in ein Seilende zu knoten bzw. zur Befestigung eines Seils an einem anderen Gegenstand. Im ersten Schritt legt man eine Schlaufe mit etwas Abstand am fixen Seilanfang (= stehende Part) und führt das bewegliche Seilende (= Tampen) durch die Schlaufe (= Auge). Das Seilende wird nun hinter dem Seilanfang herumgeführt, um danach wieder durch die Schlaufe von oben hindurchgezogen zu werden. Ein sogenannter Stopperknoten sichert zusätzlich ein Verrutschen des Palstek-Knotens. Hierbei wird das Seilende einmal um das Seil herumgewickelt und anschließend durch eine kleine Öffnung gezogen und fixiert. Der Palstek-Knoten kann sehr einfach und schnell wieder aufgeknotet werden, sogar wenn das Seil strammgezogen ist. Normalerweise bietet der Palstek-Knoten eine sehr hohe Stabilität, weil er nicht rutscht, sich löst oder verkantet. Allerdings sollte bei einem starren Seil darauf geachtet werden, dass sich der Knoten lockern kann, da sich dieses nicht „zur Ruhe begeben“ kann.

Rundtörn und zwei Halbschläge: Dieser Knoten ist sehr stabil sowie zuverlässig und kann dabei nicht verkanten. Er ist flexibel einsetzbar und wird dazu verwendet, ein Seil an einem Gegenstand (z. B. Pfosten, Reling, Haken, Griff, Balken) festzubinden. Man wickelt dabei das Seil z. B. um einen Pfosten herum, sodass die Seilenden wieder in die gleiche Richtung zeigen. Nun wird ein Seilende um das andere Seilende herumgeschlungen und durch die obere Öffnung gezogen; dieser Vorgang wird zweimal wiederholt und abschließend das Seil festgezogen. Das andere längere Seilende kann durch einen weiteren Knoten zusätzlich gesichert werden.

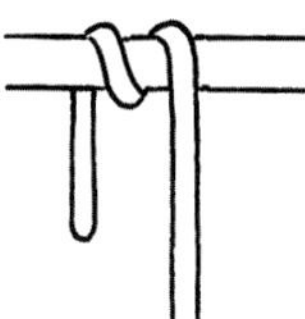
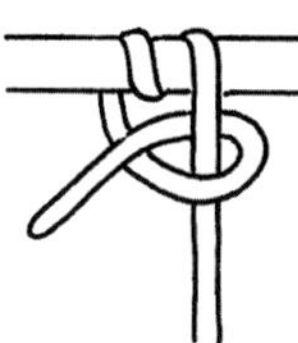
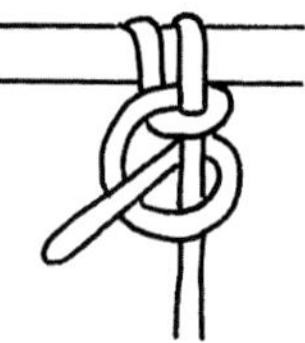
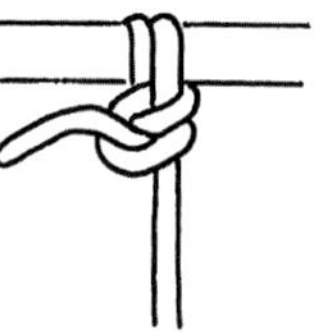

Sportgeräte und Materialien

Die für die Bewegungsstationen in diesem Band verwendeten Sportgeräte und Materialien sind in der Regel in jeder Turnhalle vorzufinden. Bei den einzelnen Bewegungsstationen werden zusätzlich Alternativen aufgezeigt, damit die Übungen auch in nicht optimal ausgestatteten Turnhallen oder Bewegungsräumen in Kindertageseinrichtungen umsetzbar sind. Zur besseren Sicherung der Geräteaufbauten wird vereinzelt der Einsatz von Gurten empfohlen, die einfach und kostengünstig in Baumärkten oder über das Internet bezogen werden können. Darüber hinaus sind folgende Möglichkeiten denkbar, um an fehlende Sportgeräte oder Materialien zu kommen:

- Ausleihen bei benachbarten Schulen, Kindertageseinrichtungen oder Vereinen
- Bereitstellung durch Sportgeschäfte, -fachverbände oder die Verkehrspolizei
- Spenden durch Elternfonds

Schwierigkeitsstufen

Die Bewegungslandschaften in diesem Band können bereits im Kindergarten eingesetzt werden, eignen sich aber auch hervorragend für Grundschulkinder. Die Muscheln, die jeder Bewegungsidee inklusive ihrer Alternativen zugeordnet sind, bieten eine Orientierung bezüglich der Schwierigkeitsstufe – von = leicht bis $^{+}$ = schwer. Zusätzlich finden sich in den einzelnen Stationsbeschreibungen nochmals (Alters-)Variationen.

Literaturverzeichnis

- Bierögel, S. & Hemming, A. (2006): Sternstunden im Kinderturnen. Münster: Ökotopia Verlag.
- Dordel, S. (2007): Bewegungsförderung in der Schule. Handbuch des Sportförderunterrichts. Dortmund: Verlag modernes Lernen.
- Dordel, S., Koch, B. & Graf, C. (2008): CHILT-B. Bewegungsförderung. Dortmund: Verlag Modernes Lernen.
- Grüger, C. & Hubert, Y. (2012): Phantasievolle Bewegungslandschaften für Kinder- und Vorschulkinder. Wiebelsheim: Limpert Verlag GmbH.
- Lutter, M. & Stock, A. (2011): Erlebnislandschaften in der Turnhalle. Ein praktisches Handbuch für Spiel, Spaß und Abenteuer in Schule, Verein und Freizeit. Schorndorf: Hofmann-Verlag.
- Internetquelle: www.kleinkinderturnen.de

Bewegungslandschaften machen Spaß

Liebe Kinder,

wir haben gestern etwas ganz Neues ausprobiert. Wir haben in unserer Insel-Turnhalle alle Geräte, Matten, Bälle, Seilchen, Kästen und … und … und rausgeholt und in der ganzen Halle verteilt. Das Ganze haben wir „Piratenspielplatz“ genannt und sind von einem aufgebauten Gerät zum anderen gelaufen. Wir haben uns tolle Sachen einfallen lassen und alle Dinge mal ganz anders verwendet, als wir es sonst tun. Die Matten haben wir ganz schief aufgebaut, sodass wir auf ihnen runterrollen konnten, und auf den Bänken sind wir balanciert und nicht nur gesessen wie sonst.

Das hat wirklich sehr, sehr viel Spaß gemacht. Unsere Sportlehrerin meinte, dass man so etwas eigentlich Bewegungslandschaft nennt – eine große Landschaft von Turngeräten, großen und kleinen Matten, Tauen und Bänken überall in der Halle verteilt, auf denen man sich bewegen kann. Aber wir finden, Piratenspielplatz klingt lustiger und vor allen Dingen viel aufregender. Probiert das auch mal aus.

Viel Spaß wünschen Euch

Euer Finn und Eure Fine

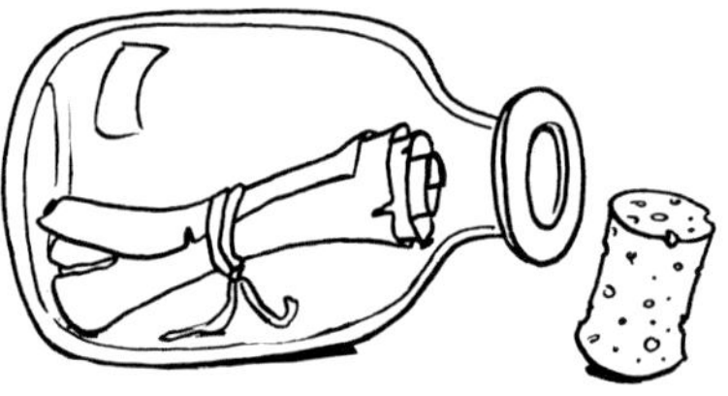

Balancieren auf der Schiffsreling

Ziel:
Gleichgewichtsschulung, Förderung der räumlichen Orientierungsfähigkeit, Kräftigung der Fuß- und Beinmuskulatur, Schulung des Haltungsgefühls

Materialien:
Mehrere Bänke, Seilchen, Kreppklebeband, Linien auf dem Hallenboden

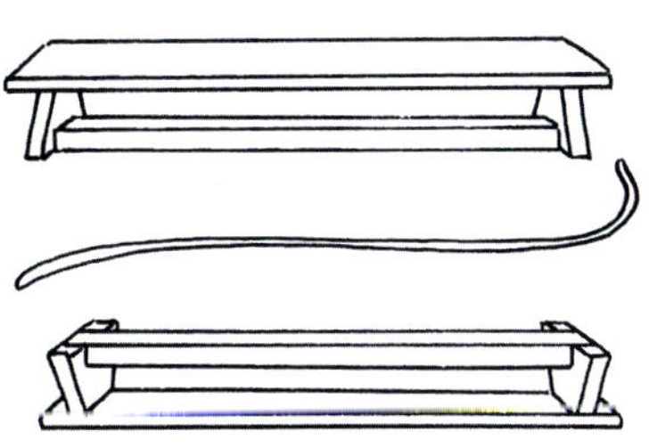

Aufbau:
Es werden Bänke aufgebaut und Seilchen oder Kreppklebeband in der Halle verteilt ausgelegt bzw. aufgeklebt. Außerdem können die Linien auf dem Hallenboden genutzt werden.

TIPP:
Die Bänke können z. B. als Dreieck oder Viereck aufgestellt werden. Je nach Können der Kinder konnen die Bänke mit der breiten oder schmalen Balancierfläche nach oben oder abwechselnd (breit – schmal – breit – schmal) aufgebaut werden.

Aufgabe:
Die Kinder balancieren im Raum auf den Linien, ausgelegten Seilchen bzw. Kreppklebeband und auf den Bänken. Wenn sich die Kinder sicher fühlen, kann für jede Bank jeweils eine andere Fortbewegungsart (z. B. Hochzehenstand, Drehungen) vorgegeben werden. Welches Kind schafft es, auf der Schiffsreling zu balancieren, ohne das Gleichgewicht zu verlieren?

(Alters-)Variationen:
- Vorwärts und rückwärts, auf Zehenspitzen balancieren, Drehungen (über Hochzehenstand).
- Einen Fuß vor den anderen setzen („Gänsefüßchen").
- Mit geschlossenen Augen balancieren.
- Hindernisse übersteigen (z. B. Balancier-Igel).
- Gegenstände transportieren (z. B. Tennisring auf dem Kopf).
- Aneinander vorbeigehen, ohne von der Bank herunterzufallen.

Methodisch-Didaktischer Kommentar:
- Die Kinder sollten beim Balancieren aufeinander achten.
- Der Aufbau der Bänke kann ggf. mit Matten abgesichert werden.
- Zur Schulung der taktil-kinästhetischen Wahrnehmung der Fußsohlen ist es grundsätzlich zu empfehlen, die Übungen zur Gleichgewichtsfähigkeit barfuß auszuführen.

Wackelsteg

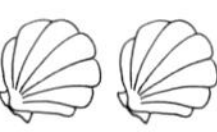

Ziel:
Gleichgewichtsschulung, Kräftigung der Fuß- und Beinmuskulatur, Schulung des Haltungsgefühls

Materialien:
Matten, 10–15 Stäbe, 1 Bank, 2 kleine Kästen/Kastendeckel, 2 Weichbodenmatten

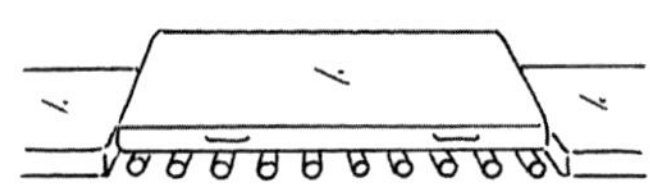

Aufbau:
Unter einer Matte werden mehrere Stäbe hintereinander platziert. Als Abgrenzung können Matten (alternativ: kleine Kästen oder Kastendeckel) dienen, damit die Matte mit den Stäben nicht wegrollen kann.

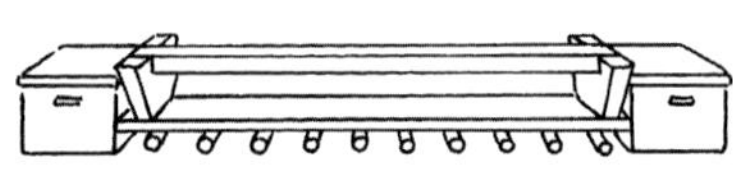

Alternative 1:
Unter eine umgedrehte Bank werden mehrere Stäbe hintereinander gelegt. Als Auf- bzw. Abstiegshilfe wird jeweils ein kleiner Kasten vor der Bank aufgebaut. Dies verhindert zusätzlich ein Wegrollen der Bank.

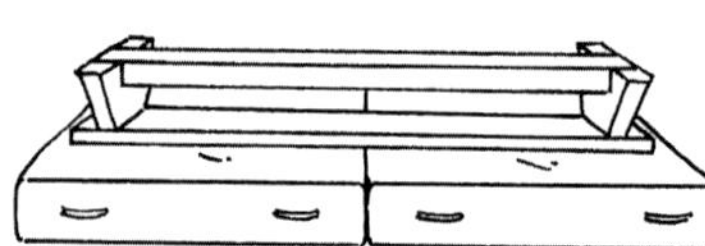

Alternative 2: 
Zwei Weichbodenmatten werden hintereinandergelegt. Darauf wird eine umgedrehte Bank gestellt. Es sollte darauf geachtet werden, dass an dieser Station stabile (neuwertige) Weichbodenmatten verwendet werden.

Aufgabe:
Die Kinder balancieren vorsichtig über den Wackelsteg.

(Alters-)Variationen:
- Zwei Kinder gehen auf der wackeligen Matte aneinander vorbei.
- Auf Zehenspitzen (Hochzehenstand), rückwärts balancieren.
- Mit geschlossenen Augen balancieren.

Methodisch-Didaktischer Kommentar:
- Bei dieser Station sollten die Kinder sich konzentrieren und Zeit lassen.
- Den Kindern ggf. Hilfestellung (Hand) anbieten.
- Immer nur ein Kind balanciert über den Wackelsteg.
- Stab als Balancierhilfe verwenden.
- Zur Schulung der taktil-kinästhetischen Wahrnehmung der Fußsohlen ist es grundsätzlich zu empfehlen, die Übungen zur Gleichgewichtsfähigkeit barfuß auszuführen.

3 Der große Wackelboden

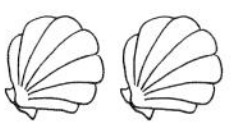

Ziel:
Gleichgewichtsschulung, Kräftigung der Rumpf-, Bein- und Fußmuskulatur, Schulung des Haltungsgefühls, Stärkung des Gemeinschaftsgefühls

Materialien:
Viele verschiedene Bälle (ca. 20–25 Medizinbälle, Gymnastikbälle etc.), 1 Weichbodenmatte, Matten

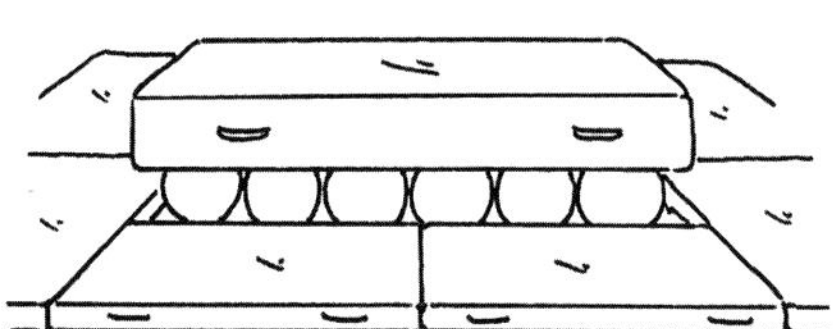

Aufbau:
Die Medizinbälle werden unter einer Weichbodenmatte verteilt. Zur weiteren Absicherung werden um die Weichbodenmatte herum Matten ausgelegt. Anstatt Medizinbällen können auch andere Bälle (z. B. Gymnastikbälle) verwendet werden.

Aufgabe:
Ein Kind bewegt sich zunächst auf dem Weichboden, um ein Gefühl für den wackeligen Untergrund zu bekommen. Wenn sich das Kind sicher fühlt, können die anderen Kinder, die sich um die Weichbodenmatte herum verteilen, den Weichboden hin- und her bewegen. Sie versuchen dabei, das sich auf dem Weichboden befindende Kind aus dem Gleichgewicht zu bringen.

TIPP:
Die Kinder bekommen einen sicheren Stand, indem sie breitbeinig auf der Weichbodenmatte stehen und dabei etwas in die Knie gehen.

(Alters-)Variationen:
- Partnerübung:
  Zwei Kinder stehen sich gegenüber und halten sich dabei an den Händen. Als Erschwernis können die Kinder versuchen, auf einem Bein zu stehen.
- Entspannungsübung:
  Ein Kind bzw. mehrere Kinder machen es sich auf dem großen Wackelboden gemütlich. Dabei bewegen die anderen Kinder die Weichbodenmatte langsam hin und her.
  TIPP:
  Entspannungsmusik abspielen.

Methodisch-Didaktischer Kommentar:
- An dieser Station sollten die Kinder am besten ihre Schuhe ausziehen – für den Fall, dass sie anderen Kindern auf die Hände treten.
- Außer bei der Partnerübung sollte sich immer nur ein Kind auf dem großen Wackelboden befinden.

4 Balanciergasse

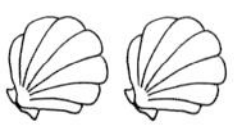

Ziel:
Gleichgewichtsschulung, Kräftigung der Fuß- und Beinmuskulatur, Schulung des Haltungsgefühls

Materialien:
1 Bank, 2 kleine Kästen oder stabile Podeste, Matten

Aufbau:
Auf zwei kleinen Kästen wird eine umgedrehte Bank positioniert. Unter der Bank werden Matten verteilt.

Alternative:   
Die Station wird nah an der Hallenwand aufgebaut. Die Kinder können sich mit dem Rücken an die Wand lehnen oder stützen sich mit Blickrichtung zur Hallenwand mit den Händen an der Wand ab und balancieren an der Hallenwand entlang.

TIPP:
Um eine zu hohe Beanspruchung der Fußgewölbe zu vermeiden, sollten die Kinder im Hochzehenstand an der Wand entlanggehen.

Aufgabe:
Die Kinder balancieren vorsichtig über die umgedrehte Bank.

(Alters-)Variationen:
- Auf Zehenspitzen (Hochzehenstand), rückwärts balancieren.
- Hindernisse einbauen (z. B. ein Reifen wird gehalten, durch den die Kinder steigen sollen).
- Gegenstände transportieren (z. B. Sandsäckchen auf dem Kopf).
- Mit geschlossenen Augen balancieren.
- Die Kinder können auch auf der unteren, breiteren Fläche balancieren.

Methodisch-Didaktischer Kommentar:
- Für einen stabileren Aufbau sollten die Bänke mit der schmalen Seite nach oben aufgebaut werden. Dabei sollte die Standstabilität der Bänke anfangs überprüft werden.
- Eine Balancierhilfe (z. B. Stab) kann verwendet werden.
- Den Kindern Hilfestellung (Hand) anbieten.
- Zur Schulung der taktil-kinästhetischen Wahrnehmung der Fußsohlen ist es grundsätzlich zu empfehlen, die Übungen zur Gleichgewichtsfähigkeit barfuß auszuführen.

Kettner/Kobel/Wartha: 60 Ideen für Bewegungslandschaften

5 Baumstamm laufen

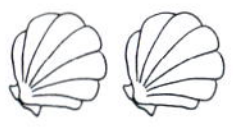

Ziel:
Gleichgewichtsschulung, Kräftigung der Fuß- und Beinmuskulatur, Schulung des Haltungsgefühls

Materialien:
2–3 Bänke, 1 kleiner Kasten oder 1 kleines Podest, Matten

Aufbau:
Eine umgedrehte Bank wird schräg auf einen kleinen Kasten gestellt. Eine weitere Bank wird ebenso schräg auf dem Bankende der ersten Bank, das auf dem Boden steht, positioniert. Je nach Verfügbarkeit an Bänken kann diese Bahn zum Balancieren beliebig verlängert werden. An dieser Station sollten zur Absicherung ringsherum Matten ausgelegt werden.

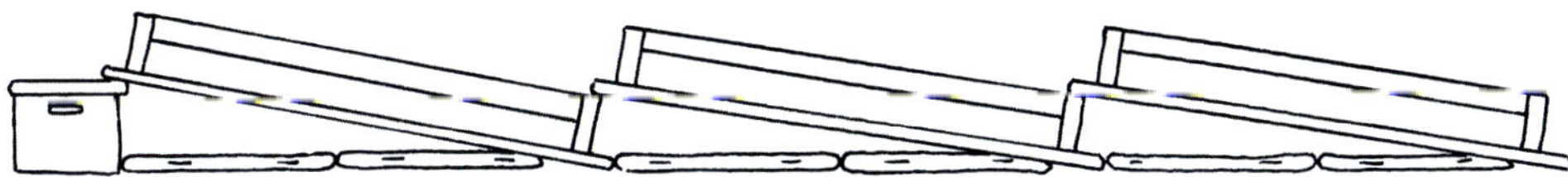

Aufgabe:
Die Kinder versuchen, über den Baumstamm zu laufen, ohne dabei herunterzufallen.

(Alters-)Variationen:
- Auf Zehenspitzen (Hochzehenstand), rückwärts balancieren.
- Mit geschlossenen Augen balancieren.
- Hindernisse übersteigen.
- Gegenstände transportieren.
- Die Kinder können auch auf der unteren, breiteren Fläche der Bank balancieren.

Methodisch-Didaktischer Kommentar:
- Die Standstabilität der Bänke sollte anfangs überprüft werden.
- Die Aufhängung der Bank sollte an dem Bankende sein, welches sich auf dem Boden befindet.
- Den Kindern ggf. Hilfestellung (Hand) anbieten.
- Zur Schulung der taktil-kinästhetischen Wahrnehmung der Fußsohlen ist es grundsätzlich zu empfehlen, die Übungen zur Gleichgewichtsfähigkeit barfuß auszuführen.

6 An Bord gehen

Ziel:
Gleichgewichtsschulung, Kräftigung der Fuß- und Beinmuskulatur, Schulung des Haltungsgefühls, Förderung der Reaktionsfähigkeit und antizipatorischer Fähigkeiten

Materialien:
1 Bank, 1 kleiner Kasten oder Kastendeckel (alternativ: 1–2 Sprungbretter), Matten

Aufbau:
Eine umgedrehte Bank wird auf einen sich in der Mitte befindenden kleinen Kasten oder Kastendeckel gestellt (alternativ: ein bzw. zwei Sprungbretter). Ringsherum wird die Station mit Matten gesichert.

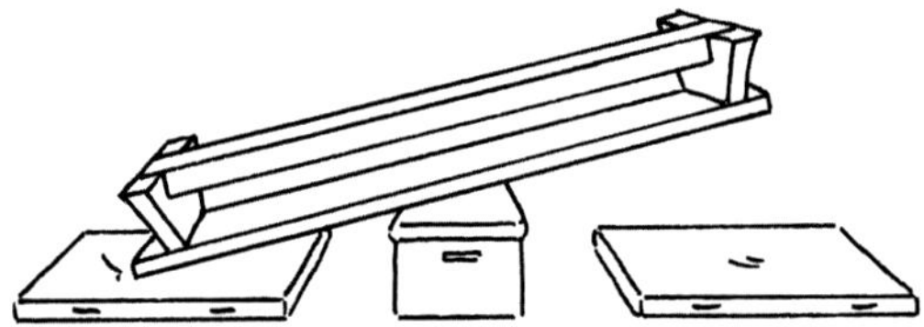

Aufgabe:
Die Kinder gehen an Bord, indem sie vorsichtig über die Wippe balancieren.

(Alters-)Variationen:
- Auf unterer Fläche über Bank balancieren.
- Hindernisse übersteigen.
- Gegenstände transportieren.

Methodisch-Didaktischer Kommentar:
- Es sollte immer nur ein Kind über die Wippe balancieren, da beim Überqueren der Wippe bzw. beim Absteigen die Bank zurückschwingt.
  TIPP:
  Wartebereich für die Kinder mit entsprechendem Abstand zur Wippe einrichten.
- Ggf. Hilfestellung anbieten (Hand) bzw. Kinder verbal begleiten, wenn sie über die Wippe balancieren, z. B. bei mutigen Kindern: „Balanciert langsam über die Wippe. Wenn ihr in der Mitte der Bank angekommen seid, passt auf, denn die Bank kippt gleich auf der anderen Seite wieder auf den Boden.“ Und bei ängstlichen Kindern: „Mache einen Schritt vor den anderen, ich stehe neben dir und passe auf.“
- Zur Schulung der taktil-kinästhetischen Wahrnehmung der Fußsohlen ist es grundsätzlich zu empfehlen, die Übungen zur Gleichgewichtsfähigkeit barfuß auszuführen.

Aufmerksamer Pirat

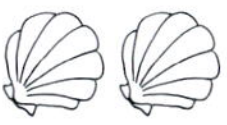

Ziel:
Gleichgewichtsschulung, Kräftigung der Fuß- und Beinmuskulatur, Schulung des Haltungsgefühls

Materialien:
1 Bank, 1–2 große Kästen, 1–2 kleine Kästen, 1–2 Weichbodenmatten, evtl. Übungsschwebebalken, Sprossenwand

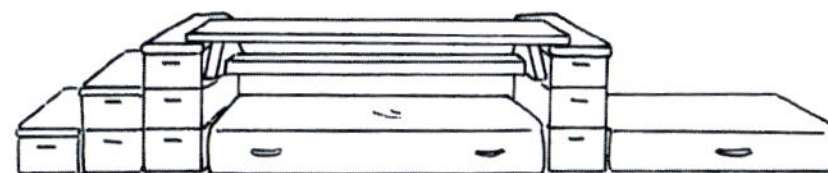

Aufbau:
Eine Bank (alternativ: Übungsschwebebalken) wird mit den Enden zwischen zwei große Kästen aufgelegt. Zur Absicherung wird eine Weichbodenmatte darunter platziert. Damit die Kinder auf die beiden Kästen gelangen, kann eine Kastentreppe aufgestellt werden. Alternativ kann auch eine Weichbodenmatte hinter einen Kasten gelegt werden, damit die Kinder vom Kasten springen können.

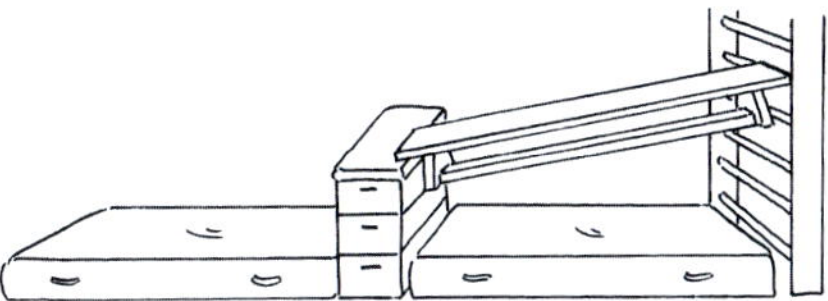

Alternative: 

Anstatt des zweiten Kastens kann die Bank auch an einer Sprossenwand gerade oder schräg eingehängt werden.

Aufgabe:
Die Kinder balancieren über die eingehängte Bank, mal von der einen, mal von der anderen Seite aus. Je nach Aufbau steigen die Kinder die Sprossenwand oder Kastentreppe hinauf, balancieren vorsichtig über die Bank bis zum anderen Kasten und steigen entweder die Kastentreppe wieder hinunter oder springen auf die Weichbodenmatte.

(Alters-)Variationen:
- Höhe des Kastens variieren.
- Bank schräg einhängen.
- Auf allen Vieren balancieren.
- Sich in Bauchlage über die Bank ziehen.
- Sich in Rückenlage über die Bank schieben.
- Die Kinder gehen aneinander vorbei.

Methodisch-Didaktischer Kommentar:
- Diese Station sollte beaufsichtigt werden.
- Den Kindern ggf. Hilfestellung anbieten.
- Den Kindern die Richtung zum Balancieren vorgeben.
- Zur Schulung der taktil-kinästhetischen Wahrnehmung der Fußsohlen ist es grundsätzlich zu empfehlen, die Übungen zur Gleichgewichtsfähigkeit barfuß auszuführen.

8 Betrunkener Kapitän

Ziel:
Gleichgewichtsschulung, Kräftigung der Fuß- und Beinmuskulatur, Schulung des Haltungsgefühls

Materialien:
1–2 Barren, 1 Bank, 2 kleine Kästen, 5–8 Seilchen oder Gurte, Matten

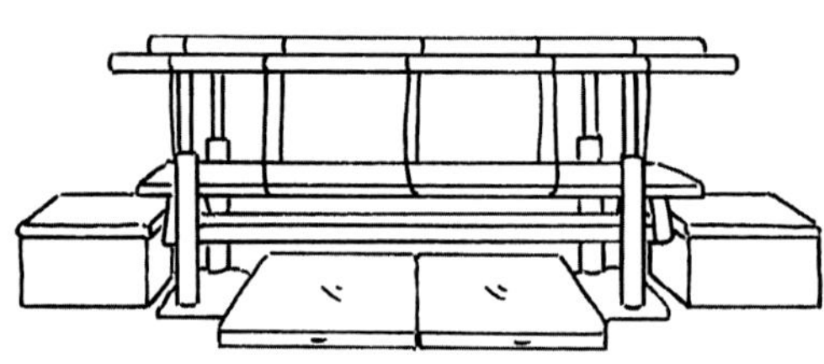

Aufbau:
Eine Bank wird mithilfe von Seilchen oder Gurten an den Barrenholmen fixiert. An die Bankenden sollte jeweils ein kleiner Kasten als Aufstiegs- bzw. Abstiegshilfe gestellt werden. Zusätzlich wird durch die Kästen ein unkontrolliertes Schwingen der Bank verhindert. Ringsherum werden Matten ausgelegt.

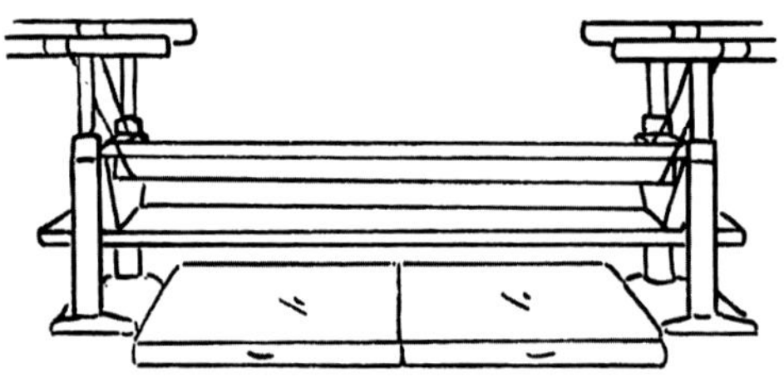

Alternative: 
Eine umgedrehte Bank wird mit Seilchen/Gurten zwischen zwei Barren an den Barrenholmen befestigt. Zur Sicherung sollten unter der Bank und den Barren Matten ausgelegt werden.

Knoten: Palstek

Aufgabe:
Die Kinder balancieren über die schwingende Bank.

(Alters-)Variationen:
- Höhe der Bank variieren.
- Hindernisse übersteigen.
- Gegenstände transportieren.
- Mit geschlossenen Augen balancieren.
- Rückwärts balancieren.

Methodisch-Didaktischer Kommentar:
- Die Seilchen/Gurte so befestigen, dass sie nicht verrutschen können. Die Seilchen/Gurte sollten durch den Steg der Bank gezogen werden.
- Es sollte immer nur ein Kind über die Bank balancieren.
- Zur Schulung der taktil-kinästhetischen Wahrnehmung der Fußsohlen ist es grundsätzlich zu empfehlen, die Übungen zur Gleichgewichtsfähigkeit barfuß auszuführen.

9 Fahnenschaukel

Ziel:
Förderung der räumlichen Orientierungsfähigkeit

Materialien:
Pro Matte 2 Reifen

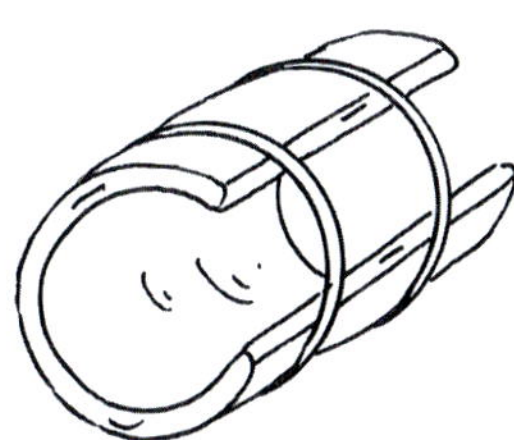

Aufbau:
Über eine Matte werden zwei Reifen gezogen.

Aufgabe:
Die Kinder können im Sitzen oder Liegen schaukeln, alleine oder zu zweit.

(Alters-)Variationen:

- Zunächst sollten die Kinder ein kontrolliertes Tempo wählen. Bei zunehmender Sicherheit können sie sich selbst anschaukeln.

Methodisch-Didaktischer Kommentar:

- Diese Station sollte beaufsichtigt werden.
- Die Kinder sollten sich nicht an den Reifen festhalten, da die Hände beim Schaukeln eingeklemmt werden können.

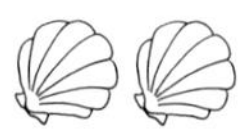

10 Lianen schwingen

Ziel:
Kräftigung der Arm-, Schulter- und Rumpfmuskulatur, Förderung der räumlichen Orientierungsfähigkeit

Materialien:
Kleine oder große Kästen/Kastendeckel/Bänke, Schwingelement (Taue, Ringe, Trapezschaukel, Schwingkugel etc.), Weichbodenmatten, Matten, Kleingeräte (Sandsäckchen, Tennisbälle etc.)

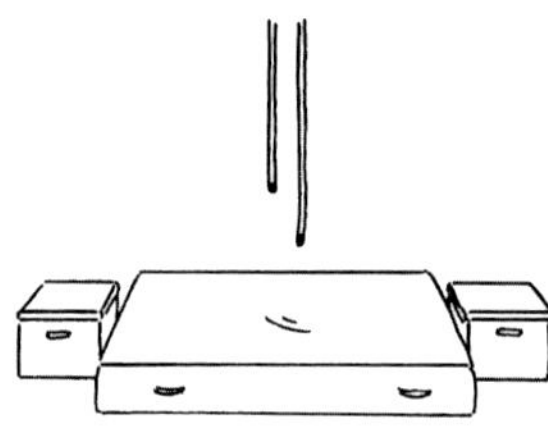

Aufbau:
Eine Weichbodenmatte wird unter die Taue/Ringe/Trapezschaukel/Schwingkugel gelegt. Jeweils am Ende der Weichbodenmatte werden Kästen/Kastendeckel oder Bänke aufgestellt. Die Station sollte ggf. mit Matten ringsherum gesichert werden.

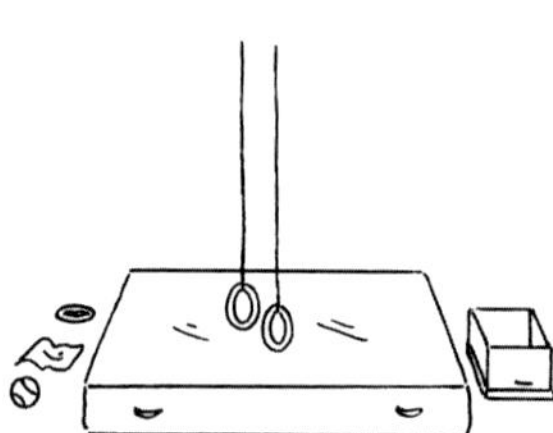

Alternative: +
Beim Aufbau mit Ringen können die Kinder mit den Beinen in die Ringe klettern und versuchen, Gegenstände (z. B. Tennisbälle) während des Schwingens vom Boden aufzusammeln, um diese dann in ein zuvor bestimmtes Ziel (z. B. umgedrehter kleiner Kasten) zu werfen. Dabei sollte die Höhe der Ringe in Bodennähe gewählt werden, damit die Kinder die Gegenstände auch erreichen können.

Aufgabe:
Die Kinder starten vom kleinen Kasten/Kastendeckel bzw. der Bank und schwingen hängend an einem Schwingelement auf die gegenüberliegende Seite.

(Alters-)Variationen:
- Höhe der Startposition verändern.
- Schwingen in verschiedenen Haltungen (Hang/Stütz/Sitz).
- Kopfüber mit den Beinen in den Ringen schwingen.
- Gegenstände aufnehmen oder transportieren.
- Gegenständen ausweichen (z. B. Hütchen) oder Gegenstände treffen (z. B. Softball).

Methodisch-Didaktischer Kommentar:
- Die wartenden Kinder müssen genügend Abstand zu den schwingenden Kindern haben.
  TIPP:
  Wartebereich für die Kinder einrichten.
- Die Kinder sollten nicht zurückschwingen, da sonst Verletzungsgefahr besteht.

11 Piratenschwingen

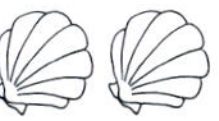

Ziel:
Kräftigung der Arm-, Schulter- und Rumpfmuskulatur, Förderung der räumlichen Orientierungsfähigkeit

Materialien:
3–5 Matten oder 1 Bodenläufer, Schwingelemente (z. B. Taue, Ringe etc. – je nach Verfügbarkeit), 1 kleiner Kasten, Bälle

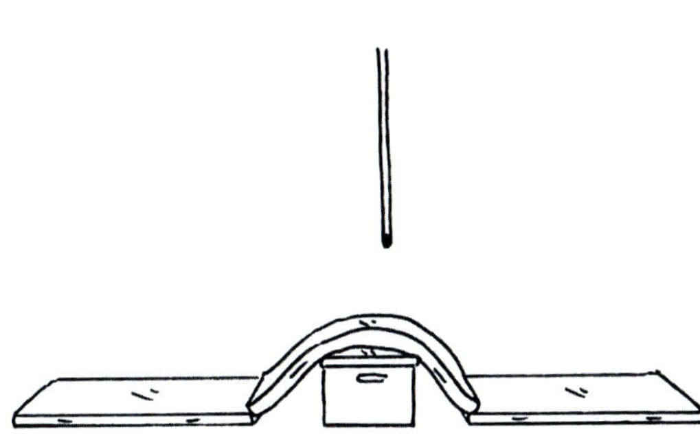

Aufbau:
Die Matten werden hintereinander gelegt. Auf der Höhe eines Taues/der Ringe/einer Trapezschaukel oder einer Schwingkugel wird als Hindernis ein kleiner Kasten unter eine Matte bzw. den Bodenläufer gestellt. Das Schaukelgerät (z. B. Ringe) sollte soweit heruntergelassen werden, dass die Kinder danach greifen können.

TIPP:
Über den Kasten sollte eine alte Matte gelegt werden, die sich gut wölben lässt.

Aufgabe:
Die Kinder versuchen, mit angezogenen Beinen über das Hindernis zu schwingen.

(Alters-)Variationen:
- Höhe des Hindernisses variieren.
- Mit den Füßen einen Gegenstand wegstoßen (z. B. Softball).
- Beim Schwingen Gegenstände (z. B. Chiffontücher) mit den Füßen aufgreifen.
- Gegenstände (Softball, Sandsäckchen etc.) beim Schwingen zwischen Knie oder Füße klemmen und in einen Kasten auf der anderen Seite transportieren.
- Beim Schwingen Gegenstände aufnehmen (z. B. Softball).
- Gegenständen (z. B. Hütchen) ausweichen oder Gegenstände (z. B. Softball) treffen.

Methodisch-Didaktischer Kommentar:
- Die wartenden Kinder müssen genügend Abstand zum schwingenden Kind haben.
  TIPP:
  Wartebereich für die Kinder einrichten.

12 Beiboot

Ziel:
Förderung der Raum- und Körperwahrnehmung, Schulung der Gleichgewichtsfähigkeit

Materialien:
1 Kastendeckel, Reck oder Barren, Sprossenwand, Gurte, 1 Weichbodenmatte, Matten

Aufbau:
Ein umgedrehter Kastendeckel wird mit Gurten zwischen einer Sprossenwand und einem Reck oder Barren sicher befestigt. Die Station sollte mit einer Weichbodenmatte bzw. weiteren Matten abgesichert werden.

Aufgabe:
Die Kinder schaukeln zunächst langsam im Kastendeckel. Wenn sie mutiger werden, können sie das Tempo erhöhen.

(Alters-)Variationen:
- Höhe variieren.
- Gurte straffer spannen.
- Auf allen Vieren schaukeln.
- Im Stehen schaukeln.

Methodisch-Didaktischer Kommentar:
- Diese Station sollte beaufsichtigt werden.
- Kastendeckel sollte mit genügend Abstand zur Sprossenwand und dem Reck bzw. Barren aufgebaut werden, damit sich die Kinder beim Schwingen nicht einklemmen können.
- Kastendeckel sicher mit Gurten an der Sprossenwand oder am Barren/Reck befestigen. Aus Sicherheitsgründen bitte keine Seilchen verwenden. Die Gurte müssen richtig geschlossen werden (= Klippverschluss).

13 Ringtanz

Ziel:
Ganzkörperkräftigung, Geschicklichkeitsschulung

Materialien:
2–3 Ringpaare, Seilchen, 2 große oder kleine Kästen, 1 Weichbodenmatte, Matten

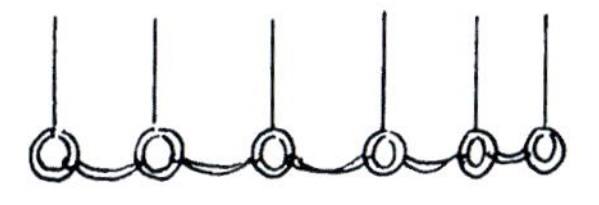

Aufbau:
Die Ringpaare werden durch Seilchen miteinander verbunden. Die Höhe der Ringpaare kann so eingestellt werden, dass sich die Kinder durch die Ringe entlanghangeln können, ohne dabei den Boden zu berühren. Unter die Ringe wird eine Weichbodenmatte gelegt und auf beiden Seiten werden Kästen positioniert. Zur Absicherung werden ringsherum Matten ausgelegt.

Aufgabe:
Die Kinder versuchen, vom einen auf den anderen Kasten zu gelangen, indem sie sich an den Ringen entlanghangeln.

(Alters-)Variationen:
- Höhe der Ringe variieren.
- Kastenlücke vergrößern bzw. verkleinern.

Methodisch-Didaktischer Kommentar:
- Diese Station sollte beaufsichtigt werden.
- Den Kindern ggf. Hilfestellung anbieten.
- Nicht die Verbindungsseilchen zwischen den Ringen, sondern nur die Ringe zum Hangeln verwenden.
- Absicherung des Sturzbereichs mit Weichbodenmatten.
- Immer nur ein Kind darf die Ringe überqueren.

14 Schlangengasse

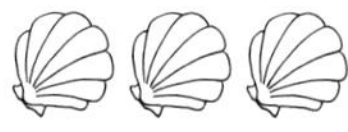

Ziel:
Kräftigung der Arm-, Schulter- und Rumpfmuskulatur, Geschicklichkeitsschulung

Materialien:
2–3 Ringpaare, Seilchen, 2 große oder kleine Kästen, 1 Weichbodenmatte, Matten

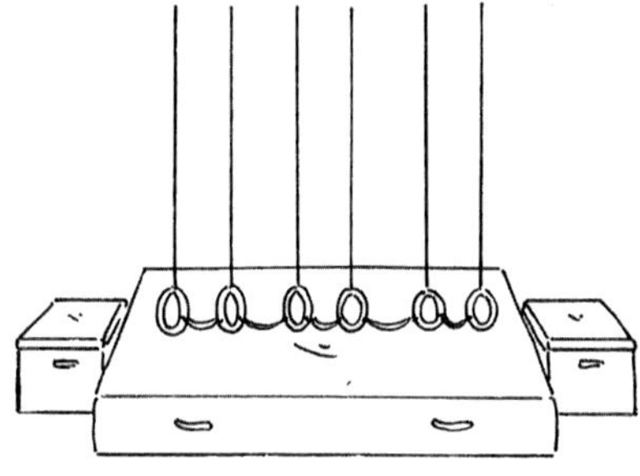

Aufbau:
Die Ringpaare werden in Bodennähe durch Seilchen miteinander verbunden. Unter die Ringe wird eine Weichbodenmatte gelegt und auf beiden Seiten werden Kästen positioniert. Zur Absicherung werden ringsherum Matten ausgelegt.

Aufgabe:
Die Kinder versuchen, vom einen auf den anderen Kasten zu gelangen, indem sie von Ring zu Ring steigen.

(Alters-)Variationen:
- Höhe der Ringe variieren.
- Kastenlücke vergrößern bzw. verkleinern.
- Sich in die Ringe hineinsetzen, um hin- und herzuschaukeln.

Methodisch-Didaktischer Kommentar:
- Diese Station sollte beaufsichtigt werden.
- Den Kinder ggf. Hilfestellung anbieten.
- Nicht auf die Verbindungsseilchen treten, sondern nur die Ringe verwenden.
- Absicherung des Sturzbereichs mit Weichbodenmatten.
- Immer nur ein Kind darf die Ringe überqueren.

15 Matrosenschwingen

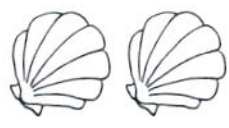

Ziel:
Kräftigung der Arm-, Schulter- und Rumpfmuskulatur, Förderung der räumlichen Orientierungsfähigkeit

Materialien:
Taue oder Ringe, Weichbodenmatten, kleine oder große Kästen, Matten

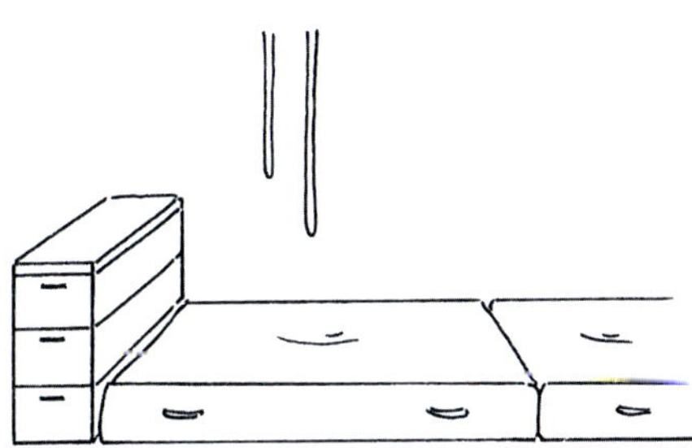

Aufbau:
Zur Absicherung legt man Weichbodenmatten unter den Tauen oder Ringen aus. An die eine Seite der Weichbodenmatte wird ein großer Kasten gestellt (alternativ zwei kleine Kästen). An das andere Ende der Weichbodenmatte wird eine zweite Weichbodenmatte gelegt. Ringsherum kann die Station mit Matten gesichert werden.

Aufgabe:
Die Kinder schwingen in unterschiedlichen Positionen (z. B. im Hang) vom Kasten und springen dann auf die zweite Weichbodenmatte.

(Alters-)Variationen:
- Höhe der Startposition bzw. Absprunghöhe variieren.
- Gegenstände (Softball, Sandsäckchen etc.) beim Schwingen zwischen Knie oder Füße klemmen und in einen Kasten auf der anderen Seite transportieren.
- Gegenständen (z. B. Hütchen) ausweichen oder Gegenstände (z. B. Softball) treffen.

Methodisch-Didaktischer Kommentar:
- Die Kinder sollten nicht zurückschwingen, da sonst Verletzungsgefahr besteht.

16 Himmelsbett

Ziel:
Förderung der räumlichen Orientierungsfähigkeit, Gleichgewichtsschulung

Materialien:
2 Ringpaare, 1 Weichbodenmatte, Seilchen/Gurte, Matten, 1 Sprungbrett

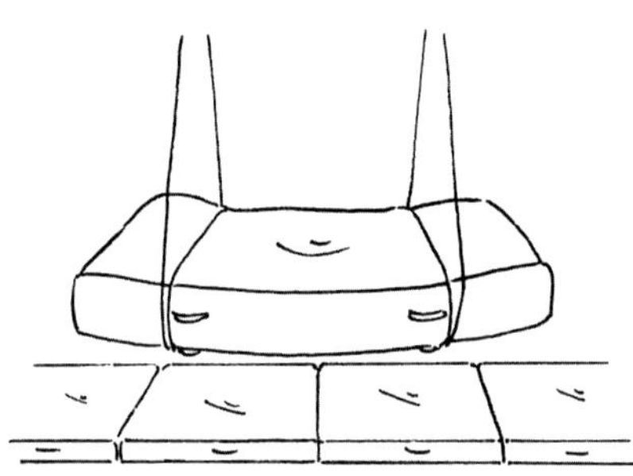

Aufbau:
Die Ringe werden unter der Weichbodenmatte mit Gurten zusammengespannt. Zur Absicherung werden ringsherum Matten ausgelegt. Als Aufsprunghilfe auf das Himmelsbett kann ein Sprungbrett benutzt werden.

TIPP:
Der Abstand der Weichbodenmatte zum Boden sollte nicht zu tief gewählt werden, da die Schaukel nachgibt, wenn die Kinder daraufspringen.

Aufgabe:
Die Kinder nehmen etwas Anlauf und springen auf das Himmelsbett. Sie können es sich im Sitzen oder Liegen bequem machen und weit durch die Halle schwingen.

(Alters-)Variationen:
- Höhe der Schaukel variieren.
- Im Stehen schwingen.
- Auf einem Bein schwingen.

Methodisch-Didaktischer Kommentar:
- Diese Station sollte beaufsichtigt werden.
- Beim Aufbau sollte die Höhe der Schaukel festgelegt werden.
- Es darf immer nur ein Kind auf die Matte springen.
- Die Stabilität des Aufbaus sollte vorab durch einen Erwachsenen getestet werden.

 17 Aufs Baumhaus klettern

Ziel:
Kräftigung der Schulter-, Arm- und Rumpfmuskulatur

Materialien:
Sprossenwand, 1 Weichbodenmatte, Softbälle/Luftballons o. Ä.

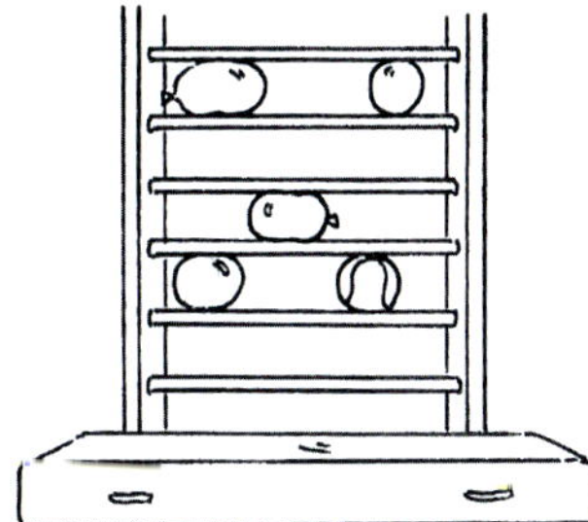

Aufbau:
In die Sprossenwand werden ein oder mehrere Softbälle oder Luftballons in unterschiedlichen Höhen positioniert. Eine Weichbodenmatte wird vor die Sprossenwand gelegt.

Aufgabe:
Die Kinder versuchen, die Softbälle oder Luftballons aus der Sprossenwand herauszuholen. Dabei sucht sich jedes Kind seine eigene Höhe aus. Wenn die Kinder mutig sind, können sie mit einem Sprung auf die Weichbodenmatte hüpfen oder wieder an der Sprossenwand herunterklettern.

(Alters-)Variationen:
- Höhe der Softbälle oder Luftballons variieren.
- Nur bestimmte Farben einsammeln.

Methodisch-Didaktischer Kommentar:
- Es darf immer nur ein Kind an der Sprossenwand klettern.

Piratenklettern

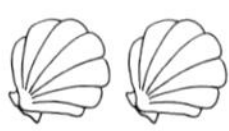

Ziel:
Kräftigung der Arm-, Schulter- und Rumpfmuskulatur, Schulung der Koordination

Materialien:
Sprossenwand, 1 Bank oder Leiter, Weichbodenmatten, Matten

Aufbau:
Die Sprossenwand wird seitlich in den Raum herausgezogen. Auf der einen Seite der Sprossenwand wird eine Bank oder Leiter schräg eingehängt, auf der anderen Seite wird eine Weichbodenmatte ausgelegt. Unter der Bank oder Leiter werden ebenfalls Matten platziert.

Aufgabe:
Die Kinder balancieren die Bank oder Leiter nach oben. Beim Abstieg können die Kinder entweder an der Sprossenwand hinunterklettern oder von einer selbst gewählten Höhe auf die Weichbodenmatte springen.

(Alters-)Variationen:
- Höhe bzw. Steigung der Bank oder Leiter variieren.
- Gegenstand (z. B. Softball oder Luftballon) erreichen.

Methodisch-Didaktischer Kommentar:
- Diese Station sollte beaufsichtigt werden.
- Den Kindern ggf. Hilfestellung anbieten.

Kletterweg

Ziel:
Kräftigung der Arm-, Schulter- und Rumpfmuskulatur, Schulung der Koordination

Materialien:
Verschieden hohe Kästen, 1 Bank oder Leiter, 2 Weichbodenmatten, Matten, Taue/Ringe etc.

Aufbau:
Mithilfe von verschieden hohen Kästen, Kastenteilen, einer Bank oder Leiter, Tauen/Ringen etc. wird ein Kletterweg gebaut. Zur weiteren Absicherung werden um die Station ringsherum Matten ausgelegt.

Aufgabe:
Die Kinder versuchen, über den Kletterweg zu gelangen.

(Alters-)Variationen:
- Höhe/Steigung variieren.
- Schwingelemente einbauen (z. B. von Kasten zu Kasten schwingen, ohne den Boden zu berühren).

Methodisch-Didaktischer Kommentar:
- Den Kindern ggf. Hilfestellung anbieten.
- Den Kindern die Laufrichtung vorgeben.

20 Piraten-Kletterberg

Ziel:
Kräftigung der Schulter-, Arm- und Rumpfmuskulatur

Materialien:
2 Weichbodenmatten, Sprossenwand, 1 Tau oder Seilchen

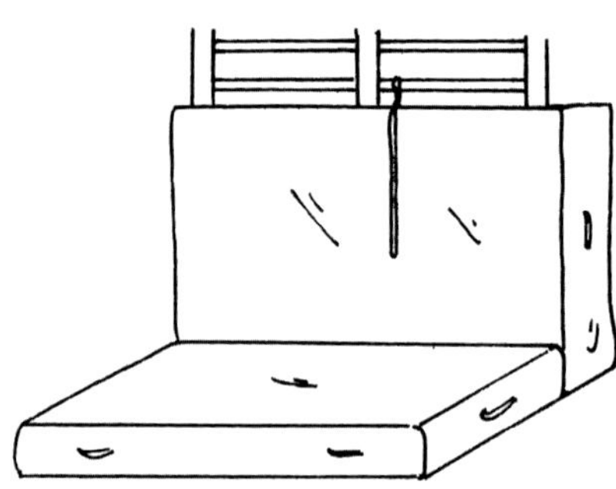

Aufbau:
Eine Weichbodenmatte wird quer vor eine Sprossenwand gelehnt. Mithilfe von Seilchen kann die Weichbodenmatte an den Schlaufen mit der Sprossenwand verbunden werden. Eine weitere Weichbodenmatte wird direkt vor der quer stehenden Weichbodenmatte auf dem Boden positioniert. Damit die Kinder den Piraten-Kletterberg bezwingen können, wird ein Tau oder ein Seilchen an einer der oberen Sprossen angebracht.

Aufgabe:
Die Kinder versuchen, am Tau so weit wie möglich nach oben zu klettern.

(Alters-)Variationen:
- Höhe des Taus variieren.
- Zurück auf die Matte springen.

Methodisch-Didaktischer Kommentar:
- Die Kinder dürfen sich nur langsam am Seilchen bzw. Tau ablassen, da ansonsten Verletzungsgefahr für die Hände besteht.

21 Erkundungstour im Dschungel

Ziel:
Kräftigung der Arm-, Schulter- und Rumpfmuskulatur

Materialien:
Sprossenleiter an der Hallenwand (alternativ: Sprossenwand und Barren), 2–3 Weichbodenmatten, Gurte/Seilchen, 1 Tau, Matten

Aufbau:
Die Sprossenleiter wird von der Hallenwand herausgezogen. Im so entstandenen Zwischenraum werden zwei Weichbodenmatten mit der glatten Oberfläche zueinander hochkant positioniert und mit Seilchen oder Gurten an der Sprossenleiter befestigt. Als Untergrund werden zuvor Matten ausgelegt. Vor die Sprossenleiter wird eine weitere Weichbodenmatte gelegt und auch um die Station herum sollten Matten zur Absicherung platziert werden. Ein Tau/ Seilchen kann an einer der oberen Sprossen befestigt werden, damit sich die Kinder daran hochziehen können.

Alternative: 
An eine Sprossenwand und einen Barren (äußeren Barrenholm höher stellen) wird jeweils eine Weichbodenmatte hochkant gelehnt bzw. gegurtet. Die glatten Oberflächen der Weichbodenmatten zeigen dabei zueinander. Unter die Weichbodenmatten und um die Station herum sollten Matten ausgelegt werden. An der Sprossenwand kann zusätzlich ein Tau zum Hochklettern befestigt werden, von dem aus die Kinder hinunterspringen.

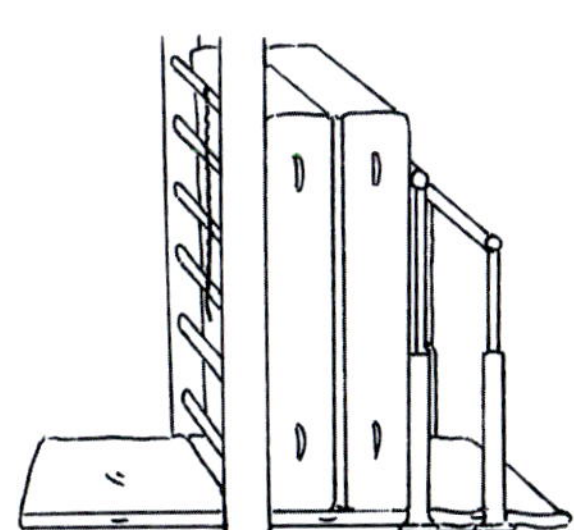

Knoten: Palstek

Aufgabe:
Die Kinder steigen die Sprossenleiter bzw. Sprossenwand nach oben und rutschen bzw. springen in der schmalen Spalte zwischen den Matten wieder hinunter.

(Alters-)Variationen:
- Am Tau nach oben klettern.
- Zwischen den Weichbodenmatten wieder nach oben klettern.
- Weichbodenmatten quer aufbauen.

Methodisch-Didaktischer Kommentar:
- Diese Station sollte beaufsichtigt werden.
- Der Abstand zwischen den beiden Weichbodenmatten sollte möglichst eng gewählt werden, dass sich die Kinder beim Herunterrutschen nicht verletzen.
- Immer nur ein Kind darf an dieser Station klettern.

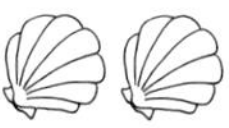

22 Der Abgrund

Ziel:
Ganzkörperkräftigung, Geschicklichkeitsschulung

Materialien:
1 Barren (optional: 1 großer Kasten), 2 Bänke, Seilchen/Gurte, Matten

Aufbau:
Zwei Bänke werden jeweils von einer Seite in einen Barrenholm (alternativ: ein großer Kasten) eingehängt. In der Barrengasse wird eine nach unten gebogene Matte mit Seilchen bzw. Gurten an beiden Barrenholmen befestigt. Die Station wird ringsherum mit Matten abgesichert.

TIPP:
Für den Aufbau dieser Station sollte am besten eine alte Matte verwendet werden, die sich gut wölben lässt.

Knoten: Palstek

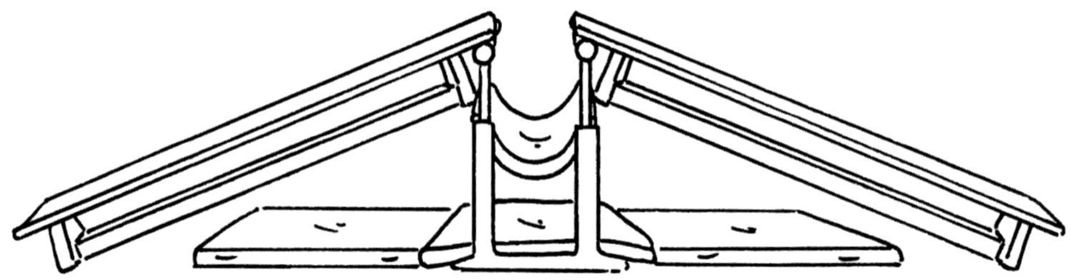

Aufgabe:
Die Kinder klettern auf der einen Bank nach oben zur Holmengasse, überqueren den Abgrund und klettern an der anderen Seite wieder hinab.

(Alters-)Variationen:
- Höhe der Barrenholme variieren.
- Auf allen Vieren klettern.
- Sich auf dem Bauch nach oben ziehen.

Methodisch-Didaktischer Kommentar:
- Den Kindern die Laufrichtung vorgeben.

23 Schiff entern

Ziel:
Ganzkörperkräftigung, Geschicklichkeitsschulung

Materialien:
5 unterschiedlich hohe Kästen, 1 Bodenläufer, Matten, Kleingeräte (Luftballons, Softbälle, Gymnastikbälle, Medizinbälle etc.)

Aufbau:
Über eine auf- und wieder absteigend gebaute Kastentreppe wird ein Bodenläufer ausgelegt. Die Station wird rundherum mit Matten gesichert.

Aufgabe:
Die Kinder versuchen, das Schiff zu „entern", indem sie über die Kästen hinauf- und wieder hinabklettern.

(Alters-)Variationen:
- Höhe der Kästen variieren.
- Die Kinder kommen sich entgegen und klettern von beiden Seiten über das Schiff.
- Auf allen Vieren klettern.
- Kleingeräte (Luftballons, Softbälle, Gymnastikbälle, Medizinbälle etc.) unter den Bodenläufer legen. Dabei versuchen die Kinder, die Luftballons nicht zu zertreten.

Methodisch-Didaktischer Kommentar:
- Den Kindern die Laufrichtung vorgeben.

24 Barrenklettern

Ziel:
Kräftigung der Schulter-, Arm- und Rumpfmuskulatur, Geschicklichkeitsschulung

Materialien:
2 Barren, kleine und große Kästen, Weichbodenmatten oder Matten

Aufbau:
Zwei Barren werden hintereinander aufgestellt. Dabei können die Barrenholme gerade oder auch schräg bzw. gegengleich zueinander ausgerichtet werden. Zur Absicherung sollten unter die Barrenholme Weichbodenmatten oder Matten gelegt werden. Zum Auf- bzw. Absteigen können kleine oder große Kästen verwendet werden.

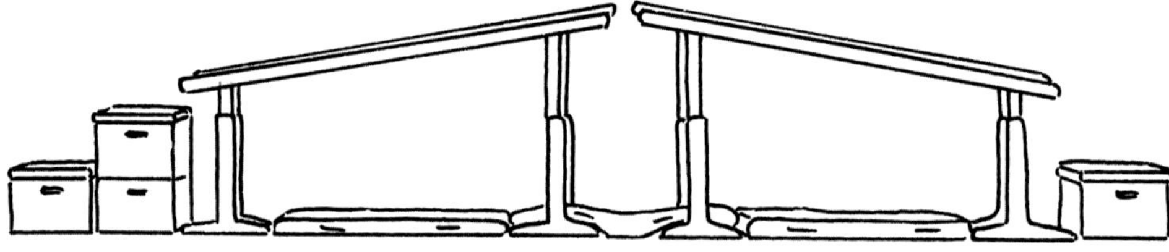

Aufgabe:
Die Kinder klettern über die Barrenholme.

(Alters-)Variationen:
- Höhe variieren.
- Auf allen Vieren klettern.
- Hände auf einen, Füße auf den anderen Barrenholm.
- Sich im Stütz zwischen den Barrenholmen fortbewegen.
- Unter den Barrenholmen hängend entlangklettern.
- Zwischen den Barrenholmen schwingen.
- Die Kinder besteigen die Barrenholme von beiden Seiten und klettern vorsichtig aneinander vorbei.

Methodisch-Didaktischer Kommentar:
- Den Kindern ggf. Hilfestellung anbieten.
- Holme fest einrasten lassen und Extremstellungen vermeiden.
- Nicht zu viele Kinder auf einmal klettern lassen, sonst besteht Staugefahr.
- Holmengasse für kleine Kinder so eng wie möglich stellen.

25 Seerosenhüpfen

Ziel:
Schulung der Sprungkraft, Förderung der Rhythmisierungsfähigkeit

Materialien:
3–6 Kästen, Matten

Aufbau:
Es werden immer abwechselnd ein kleiner Kasten und eine Matte aufgebaut.

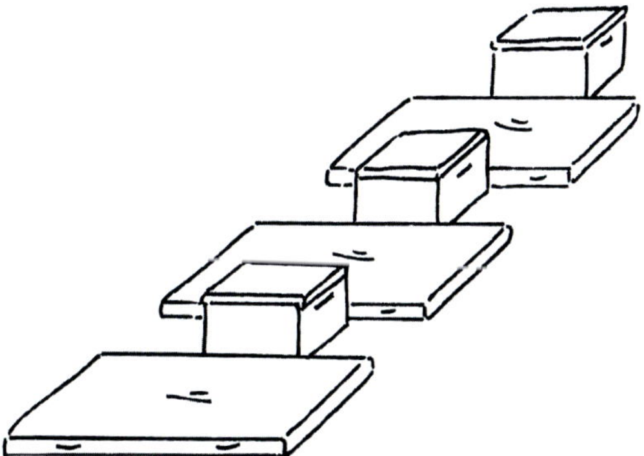

Aufgabe:
Die Kinder hüpfen von Kasten zu Kasten durch den aufgebauten Seerosenparcours.

(Alters-)Variationen:

- Von Matte zu Matte hüpfen.
- Über die Kästen hüpfen (z. B. auf/über den Kasten springen).
- Auf die Kästen mit beidbeinigem Absprung hüpfen.
- Hockwende über die Kästen.
- Nacheinander vorsichtig von einem zum anderen Kasten springen, Abstand zwischen den Kästen muss entsprechend angepasst werden.
- Verschiedene Sprungarten (Strecksprung, Hocksprung etc.) vom Kasten.

Methodisch-Didaktischer Kommentar:

- Den Kindern ggf. Hilfestellung anbieten.

26 Piratenakrobatik

Ziel:
Schulung der Sprungkraft, Förderung der Rhythmisierungsfähigkeit

Materialien:
2 Bänke, Medizinbälle, Softbälle, Sandsäckchen, Tennisringe oder Balancier-Igel

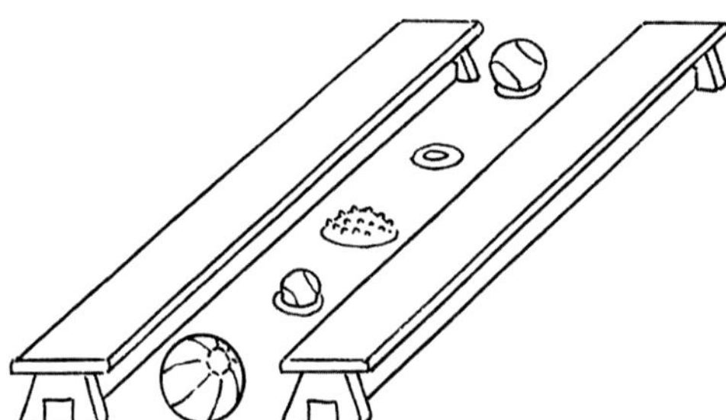

Aufbau:
Zwei Bänke werden parallel zueinander aufgestellt. Dazwischen werden Medizinbälle, Softbälle, Sandsäckchen, Hütchen oder Balancier-Igel als Hindernisse mit etwas Abstand zueinander platziert.

Aufgabe:
Die Kinder hüpfen nacheinander über die Hindernisse. Als Hilfestellung können sich die Kinder auf den Bänken abstützen.

TIPP:
Bälle, die leicht wegrollen, können mit einem Tennisring gesichert werden.

(Alters-)Variationen:
- Abstand zwischen den Hindernissen variieren.
- Verschiedene Hindernisse (Sandsäckchen o. Ä.) zum Überspringen verwenden.

Methodisch-Didaktischer Kommentar:
- Beim Hüpfen sollten die Kinder genügend Abstand zueinander halten.

27 Sprung des Wals

Ziel:
Förderung der Sprungkraft, Schulung der Rhythmisierungsfähigkeit

Materialien:
1 Bank, 1–2 Weichbodenmatten, 1 Minitrampolin, evtl. 1 Sprungbrett, 1 Gymnastikschnur

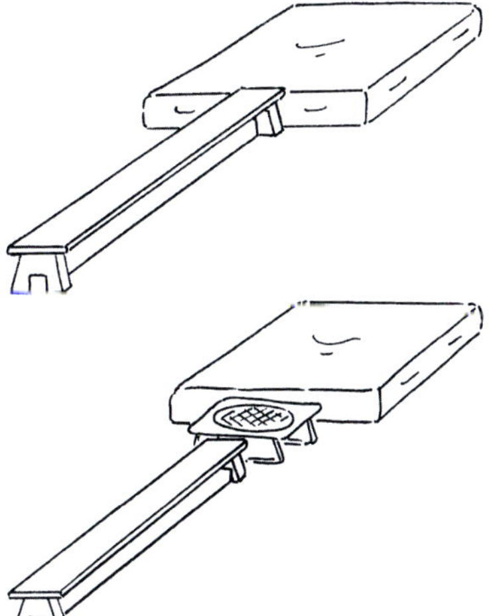

Aufbau:
Vor eine Weichbodenmatte wird der Länge nach eine Bank gestellt.

Alternative 1: 
Zwischen Bank und Weichbodenmatte wird ein Minitrampolin platziert.

Alternative 2: 
Anstatt des Minitrampolins kann als Absprunghilfe auch ein Sprungbrett genutzt werden. Hierfür wird keine Bank als Anlaufhilfe benötigt.

Aufgabe:
Die Kinder nehmen auf der Bank Anlauf und hüpfen auf die Weichbodenmatte bzw. springen über das Minitrampolin/Sprungbrett auf den Weichboden.

(Alters-)Variationen:
- Verschiedene Sprungvariationen (Strecksprung, Strecksprung mit halber Drehung, Grätschsprung, Hocksprung, ganze Drehung etc.).
- Überspringen einer Gymnastikschnur, die über den Weichboden gehalten wird.
- Für kleinere Kinder ist es einfacher, über die Bank Anlauf zu nehmen, da das Hüpfen auf das Minitrampolin durch die Erhöhung aus dem Anlauf ggf. noch nicht möglich ist. Die Kinder können auch mehrmals in das Minitrampolin hüpfen, bevor sie auf die Weichbodenmatte springen.

Methodisch-Didaktischer Kommentar:
- Die Station sollte beaufsichtigt werden.
- Den Kindern ggf. Hilfestellung anbieten.

Schiffsflucht

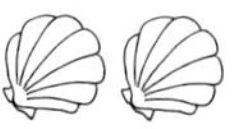

Ziel:
Förderung der Sprungkraft, Schulung der räumlichen Orientierungsfähigkeit

Materialien:
1 großer Kasten, 1 kleiner Kasten bzw. Kastentreppe, 1–2 Weichbodenmatten, Ringe, 1 Chiffontuch oder Luftballon, 1 Minitrampolin

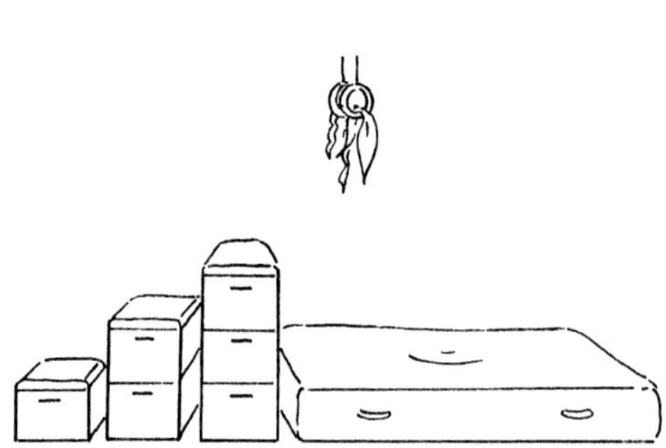

Aufbau:
Unter den Ringen, an denen ein Chiffontuch, Luftballon o. Ä. befestigt wird, wird eine Weichbodenmatte ausgelegt. Ein großer Kasten bzw. eine Kastentreppe wird vor die Weichbodenmatte gestellt.

Alternative:
Anstatt der Kastentreppe kann auch ein Minitrampolin eingesetzt werden.

TIPP:
Eine Bank vor dem Minitrampolin erleichtert das Einspringen.

Aufgabe:
Die Kinder klettern auf den oberen Kasten und springen von dort auf die Weichbodenmatte und versuchen dabei, den Gegenstand an den Ringen zu berühren.

(Alters-)Variationen:
- Absprunghöhe (Kasten) variieren.
- Abstand zum Gegenstand verändern.
- Verschiedene Sprungarten (Strecksprung, Hocksprung, Grätschsprung etc.) vom Kasten.

Methodisch-Didaktischer Kommentar:
- Diese Station sollte beaufsichtigt werden.
- Es sollte immer nur ein Kind vom Kasten auf die Weichbodenmatte springen.

29 Sprung ins Meer

Ziel:
Förderung der räumlichen Orientierungsfähigkeit, Schulung der Körperwahrnehmung

Materialien:
1 Reck/Barrenholm oder Sprossenwand/Leiterwand, 1 Bank, 2 Weichbodenmatten, 1 großer Kasten, Matten, Gurte/Seile

Aufbau:
Eine Bank wird an einem Reck/Barrenholm eingehängt. Unter der Bank und hinter der Reckstange/dem Barrenholm werden Weichbodenmatten ausgelegt.

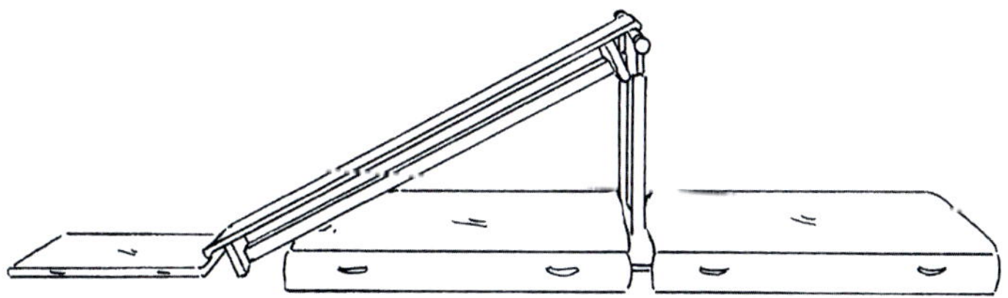

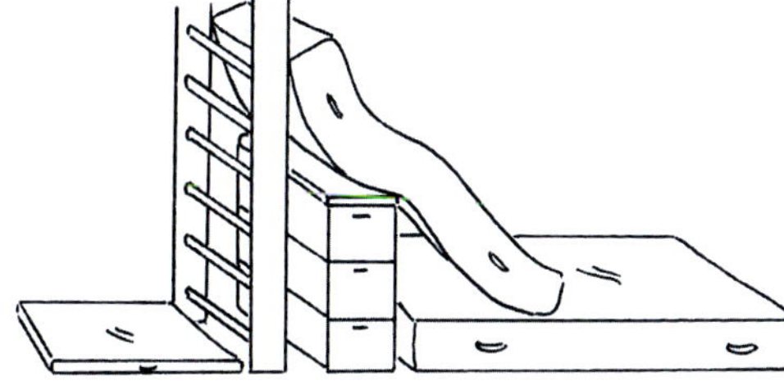

Alternative:
Alternativ wird eine Weichbodenmatte (hochkant oder quer) an der Leiterwand/Sprossenwand angelehnt bzw. mit Gurten/Seilen befestigt. Hinter der Weichbodenmatte wird ein großer Kasten aufgestellt. Eine Weichbodenmatte am Boden dient als Landebereich.

Aufgabe:
Die Kinder klettern die Bank bzw. Sprossenwand/Leiterwand nach oben und springen oder gleiten von der Weichbodenmatte hinunter.

(Alters-)Variationen:
- Absprunghöhe variieren (z. B. Weichbodenmatte quer oder hochkant).

Methodisch-Didaktischer Kommentar:
- Diese Station sollte beaufsichtigt werden.
- Wegen Verletzungsgefahr keine Sitzlandung.
- Die Kinder sollten auf eine angemessene Körperspannung während des Sprungs und der Landung achten.

Schleudersprung

Ziel:
Förderung der Sprungkraft, Schulung der räumlichen Orientierungsfähigkeit

Materialien:
1 großer Kasten, 1 kleiner Kasten, 1 Minitrampolin, 1–2 Weichbodenmatten, Matten

Aufbau:
Eine Kastentreppe wird aufgebaut und direkt dahinter werden ein Minitrampolin sowie ein bis zwei Weichbodenmatten gelegt. Die Station wird seitlich mit Matten abgesichert.

Aufgabe:
Die Kinder steigen die Kastentreppe nach oben und springen vom oberen Kastenteil über das Minitrampolin auf die Weichbodenmatte.

(Alters-)Variationen:
- Verschiedene Sprungvariationen (Strecksprung, Strecksprung mit halber Drehung, Grätschsprung, Hocksprung, ganze Drehung etc.).
- Eine Gymnastikschnur überspringen, die über den Weichboden gehalten wird.

Methodisch-Didaktischer Kommentar:
- Diese Station sollte beaufsichtigt werden.
- Der Sprung vom Kasten über das Minitrampolin auf den Weichboden stellt eine hohe Anforderung an die koordinativen Fähigkeiten der Kinder dar.
- Wegen Verletzungsgefahr keine Sitzlandung.
- Die Kinder sollten auf eine angemessene Körperspannung während des Sprungs und bei der Landung achten.

31 Seegurke entern

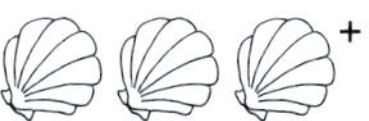

Ziel:
Förderung der Sprungkraft, Schulung der räumlichen Orientierungsfähigkeit

Materialien:
3 große Kästen (optional: 1 Pferd und 2 Barren), 2 Weichbodenmatten, 1 Minitrampolin, 1 Bank, Matten

Aufbau:
Eine Weichbodenmatte wird auf drei große Kästen (alternativ: ein Pferd und dahinter zwei Barren), die quer hintereinander aufgestellt werden, aufgelegt. Dahinter wird eine weitere Weichbodenmatte auf dem Boden positioniert, davor ein Minitrampolin mit einer Bank als Anlaufhilfe aufgestellt. Zur Sicherung wird zwischen Minitrampolin und der Erhöhung eine Matte angebracht. Um die Station werden ringsherum Matten ausgelegt.

Aufgabe:
Die Kinder nehmen über die Bank Anlauf und springen ins Minitrampolin, um auf die Weichbodenmatte zu gelangen.

TIPP:
Zur Stärkung des Gemeinschaftsgefühls springen die Kinder nacheinander auf die Weichbodenmatte bzw. helfen sich gegenseitig auf die Erhöhung hinauf, bis alle Kinder es geschafft haben, oben anzukommen.

(Alters-)Variationen:
- Höhe der Station variieren (Höhe der Kastenteile entsprechend einstellen).
- Zusätzliche Weichbodenmatte als Erhöhung verwenden.

Methodisch-Didaktischer Kommentar:
- Diese Station sollte beaufsichtigt werden.
- Hilfestellung erforderlich.
- Es sollte zunächst immer nur ein Kind auf die erhöhte Weichbodenmatte springen.

Piratensprungtraining

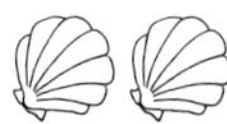

Ziel:
Förderung der Sprungkraft und Koordination

Materialien:
1 Bank, 1 Barren, 1–2 Weichbodenmatten, Matten

Aufbau:
Ein Barren wird aufgebaut und mit einer Weichbodenmatte auf der Hinterseite gesichert. Auf der Vorderseite wird eine Bank am vorderen Barrenholm eingehängt. Die Barrenholme werden entweder auf gleiche Höhe oder der hintere etwas höher als der vordere Holm eingestellt. Unter der Bank werden Matten ausgelegt.

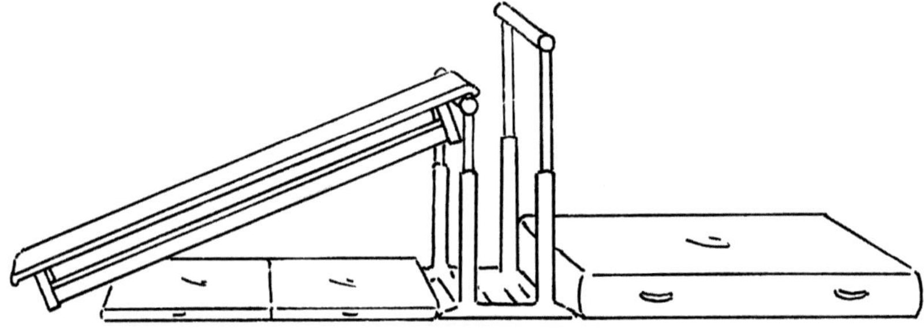

Aufgabe:
Die Kinder klettern auf der Bank nach oben, überspringen den hinteren Barrenholm und landen auf der Weichbodenmatte. Sie können sich dabei mit beiden Händen am hinteren Barrenholm abstützen und mit einer Hockwende auf die Weichbodenmatte springen.

(Alters-)Variationen:
- Zunächst nur einen Barrenholm (hinterer Holm) verwenden und ohne Hindernis direkt auf die Weichbodenmatte springen.
- Höhe der Barrenholme variieren.
- Anstatt über den Barren zu springen, können die Kinder auch von einem Kasten aus auf eine Weichbodenmatte hüpfen.

Methodisch-Didaktischer Kommentar:
- Den Kindern ggf. Hilfestellung anbieten.

31 Seegurke entern

Ziel:
Förderung der Sprungkraft, Schulung der räumlichen Orientierungsfähigkeit

Materialien:
3 große Kästen (optional: 1 Pferd und 2 Barren), 2 Weichbodenmatten, 1 Minitrampolin, 1 Bank, Matten

Aufbau:
Eine Weichbodenmatte wird auf drei große Kästen (alternativ: ein Pferd und dahinter zwei Barren), die quer hintereinander aufgestellt werden, aufgelegt. Dahinter wird eine weitere Weichbodenmatte auf dem Boden positioniert, davor ein Minitrampolin mit einer Bank als Anlaufhilfe aufgestellt. Zur Sicherung wird zwischen Minitrampolin und der Erhöhung eine Matte angebracht. Um die Station werden ringsherum Matten ausgelegt.

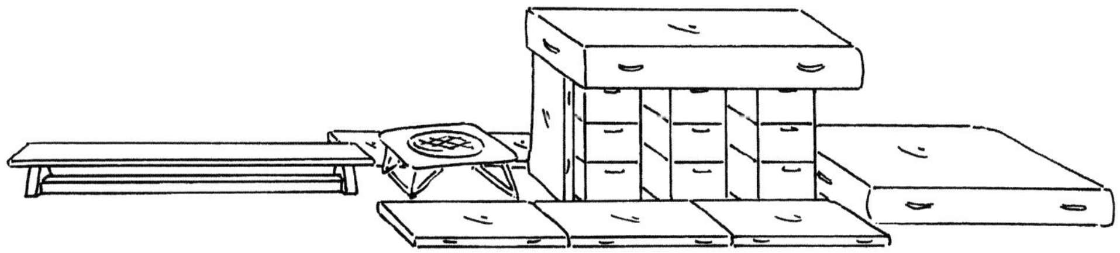

Aufgabe:
Die Kinder nehmen über die Bank Anlauf und springen ins Minitrampolin, um auf die Weichbodenmatte zu gelangen.

TIPP:
Zur Stärkung des Gemeinschaftsgefühls springen die Kinder nacheinander auf die Weichbodenmatte bzw. helfen sich gegenseitig auf die Erhöhung hinauf, bis alle Kinder es geschafft haben, oben anzukommen.

(Alters-)Variationen:
- Höhe der Station variieren (Höhe der Kastenteile entsprechend einstellen).
- Zusätzliche Weichbodenmatte als Erhöhung verwenden.

Methodisch-Didaktischer Kommentar:
- Diese Station sollte beaufsichtigt werden.
- Hilfestellung erforderlich.
- Es sollte zunächst immer nur ein Kind auf die erhöhte Weichbodenmatte springen.

Piratensprungtraining

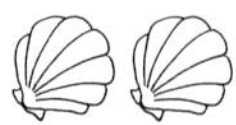

Ziel:
Förderung der Sprungkraft und Koordination

Materialien:
1 Bank, 1 Barren, 1–2 Weichbodenmatten, Matten

Aufbau:
Ein Barren wird aufgebaut und mit einer Weichbodenmatte auf der Hinterseite gesichert. Auf der Vorderseite wird eine Bank am vorderen Barrenholm eingehängt. Die Barrenholme werden entweder auf gleiche Höhe oder der hintere etwas höher als der vordere Holm eingestellt. Unter der Bank werden Matten ausgelegt.

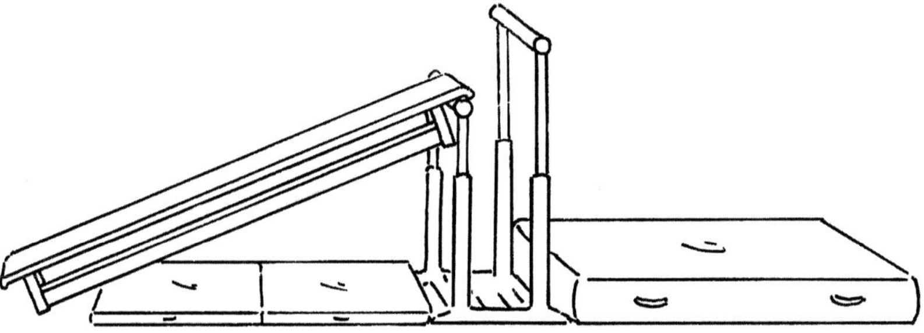

Aufgabe:
Die Kinder klettern auf der Bank nach oben, überspringen den hinteren Barrenholm und landen auf der Weichbodenmatte. Sie können sich dabei mit beiden Händen am hinteren Barrenholm abstützen und mit einer Hockwende auf die Weichbodenmatte springen.

(Alters-)Variationen:
- Zunächst nur einen Barrenholm (hinterer Holm) verwenden und ohne Hindernis direkt auf die Weichbodenmatte springen.
- Höhe der Barrenholme variieren.
- Anstatt über den Barren zu springen, können die Kinder auch von einem Kasten aus auf eine Weichbodenmatte hüpfen.

Methodisch-Didaktischer Kommentar:
- Den Kindern ggf. Hilfestellung anbieten.

 Wellenreiten

Ziel:
Förderung von Körper- und Raumwahrnehmung, Gleichgewichtsschulung, Stärkung des Gemeinschaftsgefühls

Materialien:
1 Bodenläufer oder Matten, 3–5 kleine Kästen oder Kastendeckel

Aufbau:
Über mehrere hintereinander stehende kleine Kästen bzw. Kastendeckel wird ein Bodenläufer oder Matten gelegt, sodass eine unebene Mattenbahn entsteht. Unter dem Bodenläufer/den Matten können zwischen den Kästen weitere Matten untergelegt werden.

Aufgabe:
Die Kinder versuchen, den Wellenparcours zu überwinden.

(Alters-)Variationen:
- Höhe der Kästen variieren.
- Auf allen Vieren.
- Rolle vorwärts/rückwärts.
- Sich längs über die Mattenbahn rollen, dabei können sich die Kinder gegenseitig helfen.
- Sich mit geschlossenen Augen führen lassen.
- Gegenstände transportieren.
- Zusätzliche Hindernisse überwinden.

Methodisch-Didaktischer Kommentar:
- Die Kinder müssen aufeinander Rücksicht nehmen, damit keine Zusammenstöße provoziert werden.
- Den Kindern ggf. Hilfestellung anbieten.

34 Rollender Smutje

Ziel:
Förderung der räumlichen Orientierungsfähigkeit

Materialien:
1–2 Weichbodenmatten, 1 Bank, Matten

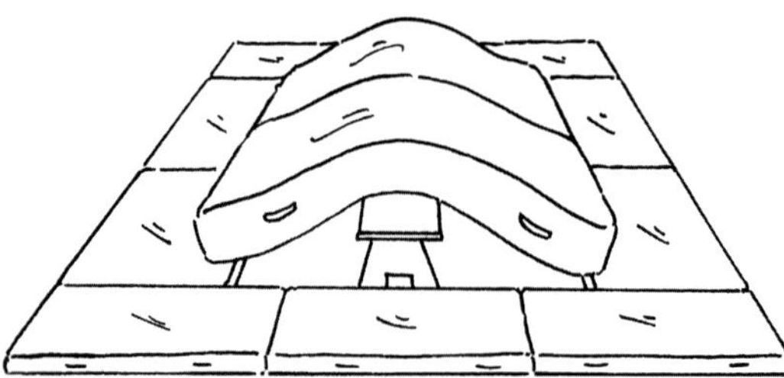

Aufbau:
Über einer Bank werden zwei Weichbodenmatten hintereinander positioniert. Zur weiteren Absicherung werden um die Station ringsherum Matten ausgelegt.

Aufgabe:
Die Kinder rollen sich von der höchsten Stelle nach unten.

(Alters-)Variationen:
- Rolle vorwärts/rückwärts.
- Sich längs über die Mattenbahn rollen, dabei können sich die Kinder gegenseitig helfen.

Methodisch-Didaktischer Kommentar:
- Es sollten sich nicht mehr als zwei Kinder auf den Weichbodenmatten befinden.
  TIPP:
  Wartebereich für die Kinder einrichten.

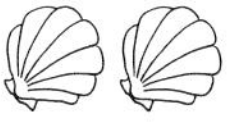

35 Piraten-Fassrollen

Ziel:
Förderung von Körper- und Raumwahrnehmung

Materialien:
1–2 große Kästen, 1 kleiner Kasten, 4 Bänke, 1 Bodenläufer, 2 Weichbodenmatten, Matten

Aufbau:
In die Längsseiten eines Kastens werden jeweils mindestens zwei Bänke eingehängt. Über den Kasten bzw. die Bänke wird nun ein Bodenläufer gelegt, sodass von der höchsten Stelle aus (Kasten) jeweils auf beiden Seiten hinab eine schiefe Ebene entsteht. An die Bankenden werden Weichbodenmatten gelegt. Mithilfe einer Kastentreppe wird seitlich am Kasten (Querseite) ein Aufstieg gebaut.

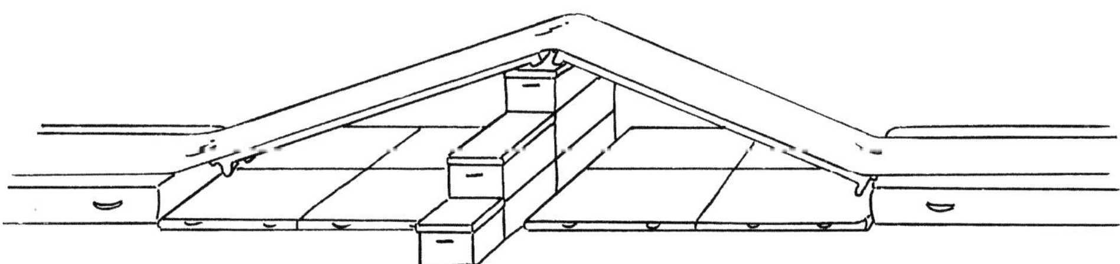

Aufgabe:
Über die seitlich angebrachte Kastentreppe erreichen die Kinder die Startposition und rollen auf der schiefen Ebene hinunter.

(Alters-)Variationen:
- Kastenhöhe variieren.
- Rolle vorwärts/rückwärts.
- Sich längs über die Mattenbahn rollen, dabei können sich die Kinder gegenseitig helfen.

Methodisch-Didaktischer Kommentar:
- Absicherung des Fall- und Sicherheitsbereiches mit Matten. Bänke durch Matten/Weichbodenmatte vor dem Wegrutschen sichern.

36 Sternwanderung

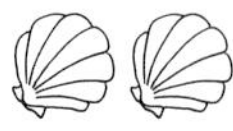

Ziel:
Förderung der räumlichen Orientierungsfähigkeit, Gleichgewichtsschulung

Materialien:
2–4 Bänke, 1 großer Kasten, Matten, Teppichfliesen

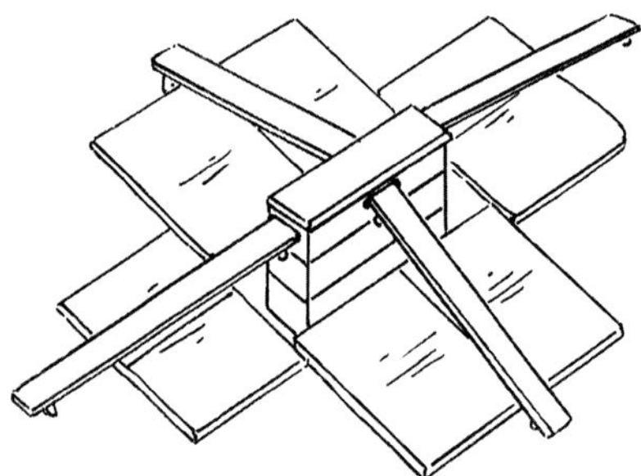

Aufbau:
In einen großen Kasten werden jeweils zwei Bänke an den Quer- und Längsseiten eingehängt. Dabei werden unter den Bänken blaue Matten als Fallschutz ausgelegt.

Aufgabe:
Die Kinder können auf einer Bank nach oben balancieren und auf der anderen Seite auf einer Teppichfliese wieder hinunterrutschen.

(Alters-)Variationen:
- Steigung variieren.

Methodisch-Didaktischer Kommentar:
- Den Kindern ggf. Hilfestellung anbieten.

37 Holperhang

Ziel:
Förderung von Körper- und Raumwahrnehmung

Materialien:
1 Bodenläufer, 1–2 Weichbodenmatten, 1 Barren, 2 Bänke, 3 große Kästen, Matten, 1 Minitrampolin (alternativ: Kastentreppe)

Aufbau:
Zwei Langbänke werden an einem Barrenholm eingehängt. An den Bankenden sollten Matten oder eine Weichbodenmatte ausgelegt werden. Über die Bänke und Matten/Weichbodenmatte wird ein Bodenläufer gelegt, sodass eine schiefe Ebene entsteht. Auf der anderen Seite des Barrens werden mehrere große Kästen mit einer daraufliegenden Weichbodenmatte aufgebaut. Mithilfe eines Minitrampolins ist es möglich, über die Weichbodenmatte auf die schiefe Ebene zu gelangen. Anstatt eines Bodenläufers können auch Weichbodenmatten genutzt werden. Diese können zur besseren Stabilität zusätzlich mit Seilchen am Barrenholm und miteinander verknotet werden.

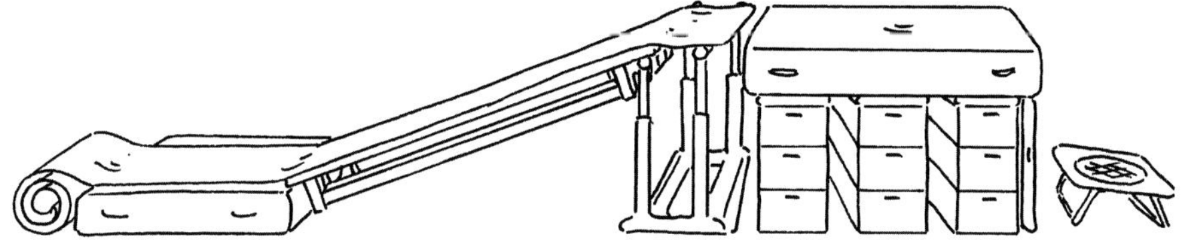

Alternative: 
Anstatt der Bänke kann auch eine Kastentreppe gebaut werden, auf der eine Weichbodenmatte ausgelegt wird.

Aufgabe:
Die Kinder springen vom Minitrampolin aus auf die Weichbodenmatte und rollen sich dann von der höchsten Stelle bis ganz nach unten.

(Alters-)Variationen:
- Kasten- oder Barrenhöhe variieren.
- Rolle vorwärts/rückwärts.
- Sich längs über die Mattenbahn rollen, dabei können sich die Kinder gegenseitig helfen.

Methodisch-Didaktischer Kommentar:
- Absicherung des Fall- und Sicherheitsbereiches mit Matten. Bänke durch Matten/Weichboden vor dem Wegrutschen sichern.

38 Berg und Tal

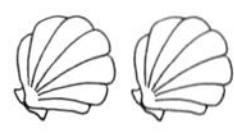

Ziel:
Förderung der räumlichen Orientierungsfähigkeit

Materialien:
4 Bänke, 2 große Kästen, 2 Weichbodenmatten, Seilchen/Gurte, kleine Kästen, Matten

Aufbau:
An zwei sich gegenüberstehenden Kästen werden jeweils zwei Bänke schräg eingehängt und darauf wird jeweils eine Weichbodenmatte gelegt. Die Weichbodenmatten werden dabei mit Seilchen/Gurten zusammengeknotet, sodass keine Lücke entsteht. Damit die Kinder auf die Kästen gelangen, kann eine Kastentreppe aufgebaut werden. Zusätzlich wird die Station ringsherum mit Matten abgesichert.

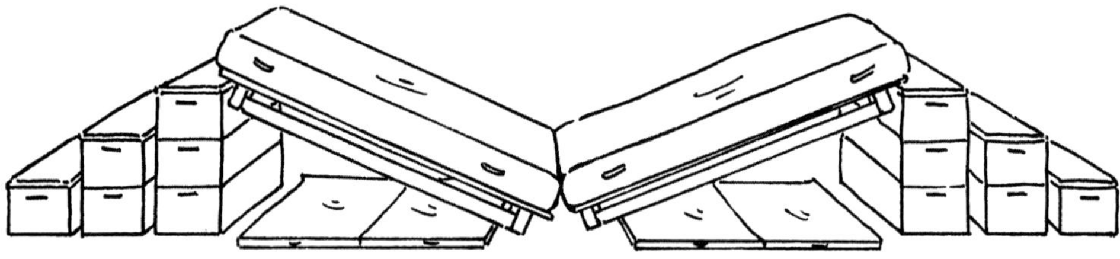

Aufgabe:
Die Kinder gelangen über eine Kastentreppe auf die schiefe Ebene, auf der sie hinunterlaufen bzw. sich hinunterrollen lassen können.

(Alters-)Variationen:
- Höhe der Kästen variieren.
- Rolle vorwärts/rückwärts.
- Sich längs über die Mattenbahn rollen, dabei können sich die Kinder gegenseitig helfen.

Methodisch-Didaktischer Kommentar:
- Den Kindern ggf. Hilfestellung anbieten.
- Die Kinder sollten sich immer nur in eine Richtung bewegen.

39 Landgang

Ziel:
Förderung der räumlichen Orientierungsfähigkeit, Gleichgewichtsschulung

Materialien:
1 Bank, Sprossenwand, Matten, Teppichfliesen

Aufbau:
An einer Sprossenwand wird eine Bank schräg befestigt. Zur Absicherung werden ringsherum Matten ausgelegt.

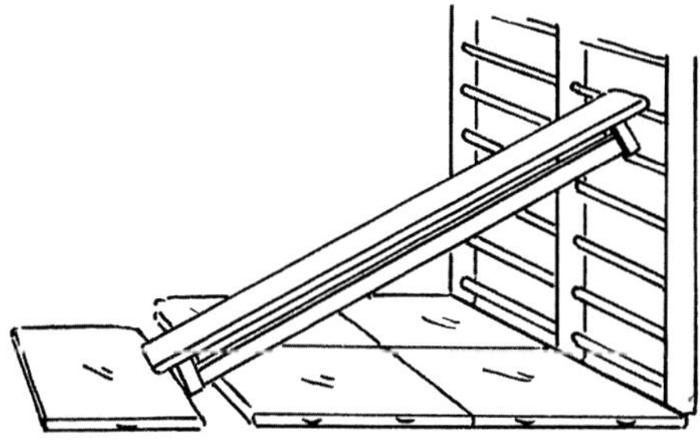

Aufgabe:
Die Kinder klettern an der Sprossenwand nach oben und rutschen auf einer Teppichfliese die Bank wieder hinunter.

(Alters-)Variationen:
- Steigung variieren.

Methodisch-Didaktischer Kommentar:
- Diese Station sollte beaufsichtigt werden.
- Den Kindern ggf. Hilfestellung anbieten.

40 Riesenwelle

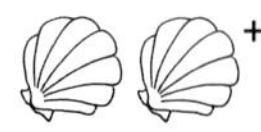

Ziel:
Förderung der räumlichen Orientierungsfähigkeit, Schulung der Reaktionsschnelligkeit

Materialien:
2 Bänke, Sprossenwand, 2 Weichbodenmatten, Seilchen/Gurte, Matten

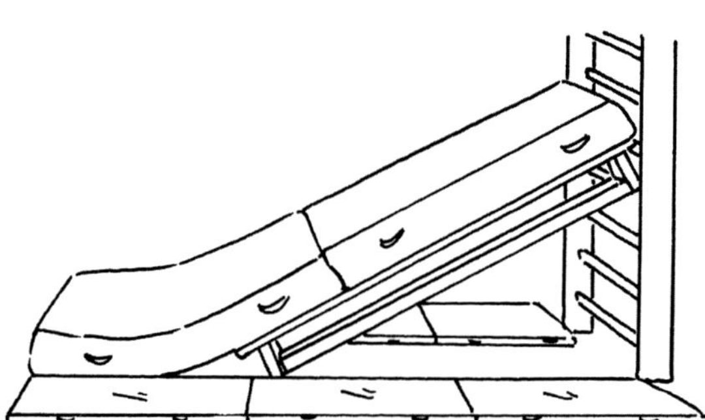

Aufbau:
An einer Sprossenwand werden zwei Bänke eingehängt, darüber werden hintereinander zwei Weichbodenmatten gelegt. Damit die Weichbodenmatten nicht verrutschen, werden diese mit Seilchen oder Gurten miteinander und an der Sprossenwand sicher verknotet. Die Station wird zusätzlich mit Matten abgesichert.

Knoten: Doppelschlag/Rundtörn

Alternative:
Die Kinder klettern die Sprossenwand nach oben oder laufen die schiefe Ebene auf der Weichbodenmatte hinauf. Hinunter können sich die Kinder laufend, hüpfend oder rollend bewegen.

Variation:
Ein Kind steht oben an der Sprossenwand. Zur Förderung der Aufmerksamkeit und Reaktionsfähigkeit lässt die Betreuungsperson einen Ball auf der Höhe des wartenden Kindes von oben hinunterrollen. Sobald der Ball ins Rollen kommt, darf das Kind loslaufen und versuchen, den Ball so schnell wie möglich einzuholen. Es sollte den Kindern dabei genügend Auslaufmöglichkeit gegeben werden.

(Alters-)Variationen:
- Die schiefe Ebene hinunterhüpfen, alleine oder zu zweit (mit Handfassung).
- Rolle vorwärts/rückwärts.
- Sich längs über die Mattenbahn rollen, dabei können sich die Kinder gegenseitig helfen.

Methodisch-Didaktischer Kommentar
- Diese Station sollte beaufsichtigt werden.
- Den Kindern ggf. Hilfestellung anbieten.

41 Piratenkrabbeln

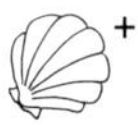

Ziel:
Förderung von Körper- und Raumwahrnehmung, Geschicklichkeitsschulung

Materialien:
2 Bänke, 3–4 Reifen, Absperrband/Gymnastikschnur, 1 Weichbodenmatte (alternativ: stabile Matte), Kleinmaterialien (Seilchen, Hütchen, Tennisringe, Bälle, Chiffontücher etc.)

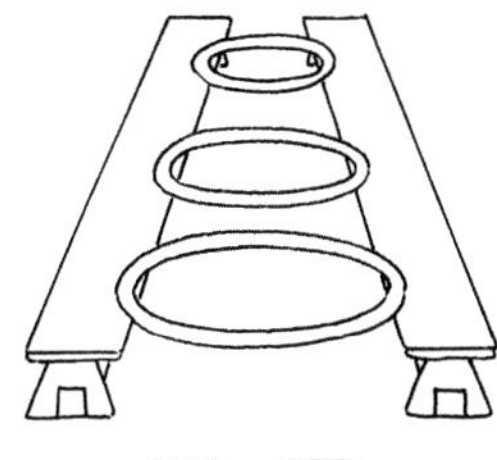

Aufbau:
Zwei Bänke werden mit etwas Abstand zueinander aufgestellt, sodass mehrere Reifen hintereinander daraufgelegt werden können. Zwischen beiden Bänken können Matten ausgelegt werden.

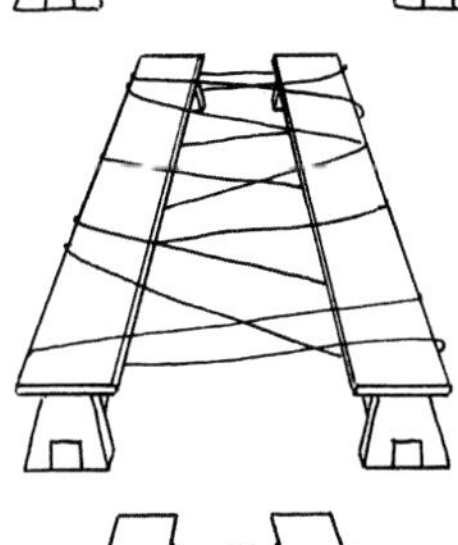

Alternative 1: 
Anstatt Reifen kann auch eine Gymnastikschnur oder Absperrband verwendet werden. Die Gymnastikschnur oder das Absperrband wird von einer Bank zur anderen gezogen, entweder parallel zum Hallenboden oder als Zick-Zack-Hindernis.

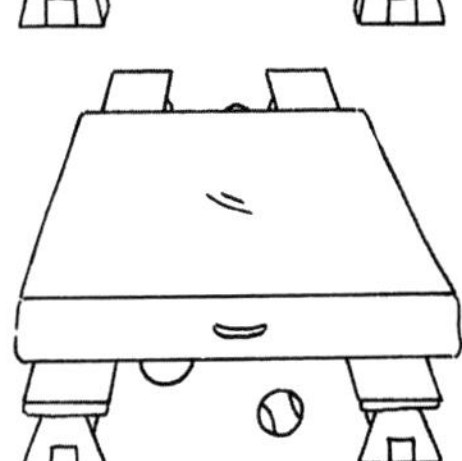

Alternative 2: 
Über die zwei Bänke wird eine Weichbodenmatte gelegt, sodass ein kleiner Tunnel entsteht. Darunter können verschiedene Kleinmaterialien (z. B. Seilchen) verteilt werden. Die Kinder kriechen durch den Tunnel und versuchen dabei, den Hindernissen auszuweichen.

Aufgabe:
Die Kinder kriechen unter den Reifen hindurch oder steigen durch die Reifen (möglichst ohne diese zu berühren) bzw. schlängeln sich durch den Tunnel.

(Alters-)Variationen:
- Anzahl der Reifen erhöhen.
- Kinder kommen sich entgegen.
- Mit geschlossen Augen krabbeln.

Methodisch-Didaktischer Kommentar:
- Die Kinder sollen sich sehr gut konzentrieren und sich beim Durchsteigen durch die Reifen Zeit lassen.
- Die Kinder müssen Rücksicht auf andere nehmen.

42 Dschungelbrücken

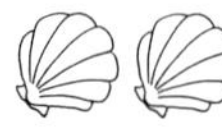

Ziel:
Förderung von Raum- und Körperwahrnehmung

Materialien:
1 Barren, 3–6 Reifen, Seilchen, Matten

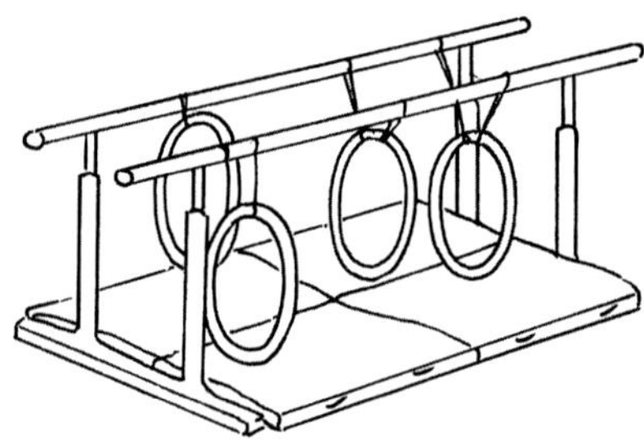

Aufbau:
Die Reifen werden mithilfe von Seilchen an beiden Barrenholmen befestigt. Unter den Barren werden Matten zur Absicherung ausgelegt. Der Abstand zwischen den Reifen sollte so gewählt werden, dass die Kinder die Möglichkeit haben, durch diese durchzusteigen, ohne dabei den dahinterfolgenden Reifen zu berühren.

Aufgabe:
Die Kinder klettern durch die Hindernisse (Reifen) im Dschungel.

(Alters-)Variationen:
- Erst wenige, dann viele Reifen einbauen.
- Rückwärts durch die Reifen steigen.

Methodisch-Didaktischer Kommentar:
- Die Kinder sollen sich sehr gut konzentrieren und sich beim Durchsteigen durch die Reifen Zeit lassen.

Seegurke

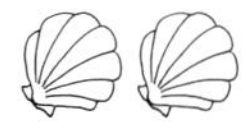

Ziel:
Förderung der Raumwahrnehmung und des Gleichgewichts, Kräftigung der Arm-, Schulter- und Rumpfmuskulatur, Stärkung des Gemeinschaftsgefühls

Materialien:
1 Mattenwagen, Stäbe, Seilchen, Hütchen, Seile etc.

Aufbau:
Ein Fahrparcours wird aufgebaut, z. B. mit Hütchen.

Aufgabe:
Die Kinder bewegen sich auf dem Mattenwagen (= Seegurke) durch den Fahrparcours, ohne mit den Füßen oder Händen den Boden zu berühren. Sie dürfen sich nur mithilfe je eines Stabes (= Ruder) am Boden abstoßen.

Variation 1:
Auf dem Mattenwagen sitzen ein paar Kinder. Der Mattenwagen kann von mehreren Kindern geschoben bzw. an Seilchen gezogen werden.

Variation 2:
Die Kinder ziehen sich an gespannten Seilen durch die Halle.

(Alters-)Variationen:
- Unterschiedliche Schwierigkeitsstufen des Parcours aufbauen.
- Zwei Gruppen um die Wette fahren lassen (z. B. von einer Hallenseite zur gegenüberliegenden Seite).

Methodisch-Didaktischer Kommentar:
- Die Kinder dürfen sich nicht mit den Händen auf dem Hallenboden abstützen, damit die Hände nicht unter den Mattenwagen gelangen.

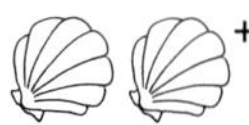

44 Seekranker Matrose

Ziel:
Schulung des Gleichgewichts und Förderung der räumlichen Orientierungsfähigkeit

Materialien:
1 Bank, mehrere Taue oder Ringe, Gurte, Gymnastikschnur, 1–2 Weichbodenmatten, Matten

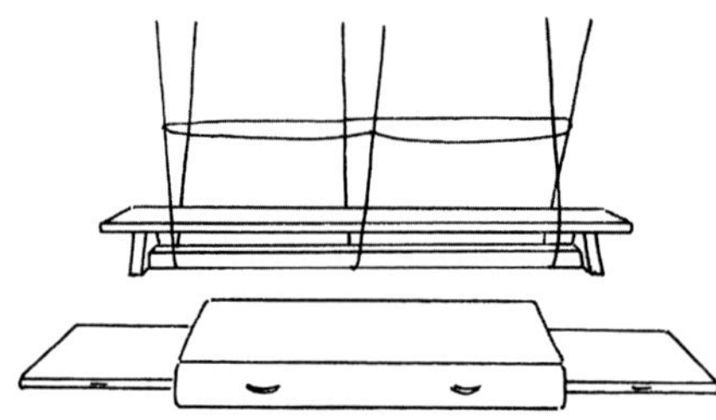

Aufbau:
An jeweils zwei zusammengeknoteten Tauen oder Ringen wird eine Bank eingehängt. Dabei werden die Taue oder Ringe mit Gurten fest verbunden. Weichbodenmatten und ggf. weitere Matten werden zur Absicherung darunter ausgelegt. Auf einer für die Kinder erreichbaren Höhe wird mithilfe einer Gymnastikschnur ein Geländer befestigt.

Knoten (Bank): Palstek

Knoten (Geländer): Doppelschlag (zwei halbe Schläge)

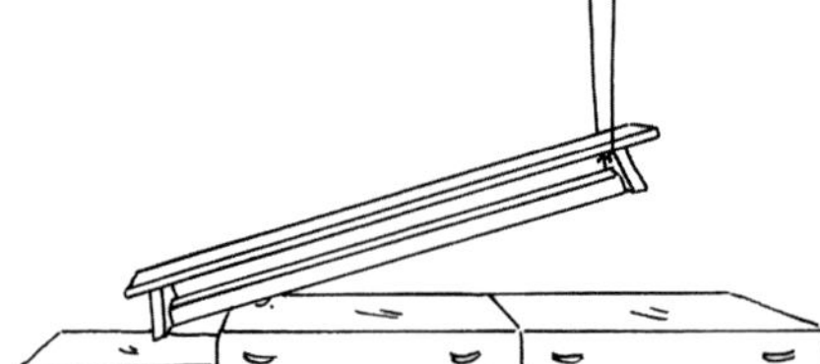

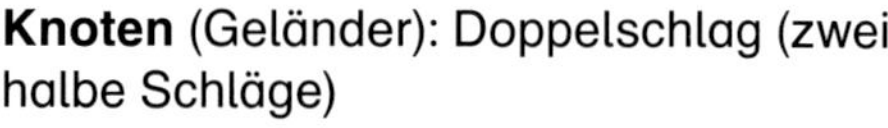

Alternative: 
Die Bank wird schräg mit einem Ende in ein Tau, Ringe oder eine Strickleiter eingehängt. Die Station wird mit Weichbodenmatten und ggf. weiteren Matten abgesichert.

Aufgabe:
Die Matrosen gehen vorsichtig über die schwingende Bank, möglichst ohne seekrank zu werden.

(Alters-)Variationen:
- Höhe der Bank variieren.
- Auf allen Vieren balancieren.
- Sich in Bauchlage über die Bank ziehen.
- Rückwärts balancieren.
- Mit geschlossenen Augen balancieren.

Methodisch-Didaktischer Kommentar:
- Belastung zunächst nur mit einem Kind.
- Im unmittelbaren Bereich der Bank dürfen sich keine anderen Kinder aufhalten.
  TIPP:
  Wartebereich für die Kinder mit entsprechendem Abstand einrichten.

 Tunnelkreuz

Ziel:
Schulung der räumlichen Orientierungsfähigkeit und Gewandtheit

Materialien:
4 kleine/große Kästen, 4 Matten, 1–2 Bänke, verschiedene Materialien (Hütchen, Igelbälle, Softbälle, Sandsäckchen, Tennisringe, Chiffontücher etc.)

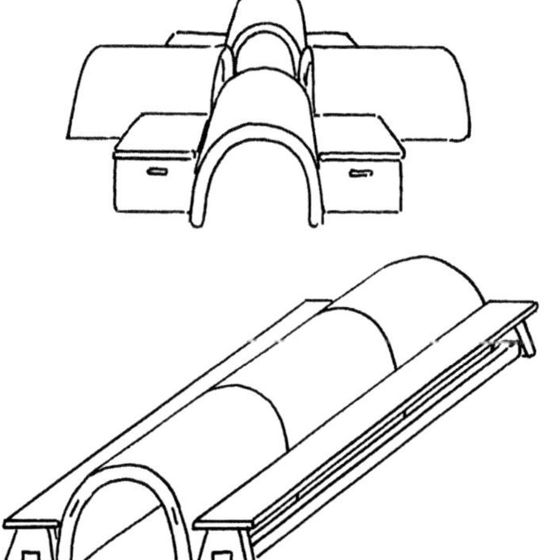

Aufbau:
Eine Matte wird jeweils zwischen zwei kleinen oder großen Kästen gebogen aufgestellt, sodass ein Tunnel entsteht. Es können beliebig viele Tunnel gebaut werden, die z. B. hintereinander oder gegenüberstehend aufgebaut werden.

Alternative: 
Mehrere Matten werden hintereinander jeweils zwischen zwei Bänke (alternativ: Hallenwand) gebogen aufgestellt, sodass ein Tunnel entsteht.

Aufgabe:
Die Kinder kriechen auf einem beliebigen Weg durch das Tunnelkreuz, möglichst ohne die Tunnelwand zu berühren. Zusätzlich können unterschiedliche Kleinmaterialien ausgelegt werden (Hütchen, Kegel, Igelbälle, Softbälle, Sandsäckchen, Tennisringe, Chiffontücher etc.). Die Kinder kriechen in das Tunnelkreuz, ohne die Gegenstände zu berühren. Sie können es sich im Tunnel auch gemütlich machen und entspannen.

(Alters-)Variationen:
- Auf verschiedene Fortbewegungsarten kriechen (z. B. sich in Bauchlage/Rückenlage entlangschlängeln).
- Kinder kriechen aneinander vorbei.
- Mit geschlossenen Augen kriechen.

Methodisch-Didaktischer Kommentar:
- Ggf. weitere Matten unterlegen.

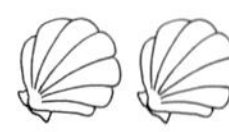

46 Wackelige Planken

Ziel:
Förderung der Gleichgewichtsfähigkeit und Gewandtheit

Materialien:
2 Bänke, 2 kleine Kästen, 2 Kastendeckel, ca. 6 Medizinbälle

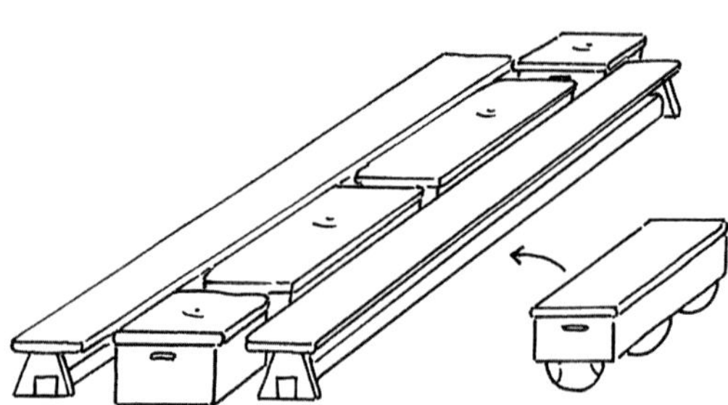

Aufbau:
Mithilfe zweier parallel gestellter Bänke wird eine Gasse gebildet, in der sich mehrere Medizinbälle befinden. Zwei Kastenoberteile werden dabei auf die Medizinbälle gelegt, die dadurch versteckt sind. Damit die Kastendeckel mit den Medizinbällen nicht verrutschen, werden zwei kleine Kästen davor und dahinter platziert. Dadurch fällt es den Kindern zudem leichter, auf die wackeligen Planken zu steigen.

TIPP:
Als seitliche Begrenzung kann auch die Hallenwand genutzt werden.

Aufgabe:
Die Kinder balancieren vorsichtig über die wackeligen Planken.

(Alters-)Variationen:
- Auf allen Vieren balancieren.
- Mit geschlossenen Augen balancieren (Hilfestellung anbieten).
- Hindernisse übersteigen.
- Gegenstände transportieren.
- Rückwärts balancieren.

Methodisch-Didaktischer Kommentar:
- Ggf. links und rechts von den Bänken weitere Matten als Fallschutz auslegen.

47 Kriechtunnel

Ziel:
Förderung der räumlichen Orientierungsfähigkeit und Gewandtheit

Materialien:
3–6 Kastenteile, Matten

Aufbau:
Durch mehrere hintereinander platzierte einzelne Kastenteile (Kastenlängsseite auf dem Boden) werden Matten geschoben, sodass ein Tunnel entsteht. Alternativ können auch andere Gegenstände (z. B. Podeste, Stühle) verwendet werden, durch die die Kinder kriechen.

Aufgabc:
Die Kinder schlängeln sich, möglichst ohne die Kastenteile zu berühren, durch den Kriechtunnel.

(Alters-)Variationen:
- Abstand der Kastenteile variieren.
- Abwechselnd darunter-, dann darüberklettern.
- Sich rückwärts durch den Kriechtunnel schlängeln.
- Mit geschlossenen Augen kriechen.
- Kinder kommen sich entgegen.

Methodisch-Didaktischer Kommentar:
- Nicht zu viele Kinder sollten sich durch den Kriechtunnel schlängeln.

Lianen wanken

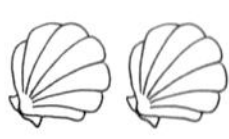

Ziel:
Schulung des Gleichgewichts, Ganzkörperkräftigung

Materialien:
Sprossenwand, Seile/Gurte, Kleingeräte (Hütchen, Balancier-Igel, Podeste etc.)

Aufbau:
Kleingeräte (Hütchen, Balancier-Igel, Podeste etc.) werden auf dem Boden zu einem Parcours ausgelegt. Daneben wird ein Seil zwischen zwei herausgezogene Sprossenwände gespannt oder in vorhandene Haken eingespannt.

Aufgabe:
Die Kinder steigen über verschiedene Kleingeräte und versuchen, diese möglichst nicht zu berühren. Das Seil dient dabei als Hilfestellung bzw. zur Orientierung.

(Alters-)Variationen:
- Abstände der Kleingeräte variieren.
- Gegenstände transportieren (z. B. Sandsäckchen auf dem Kopf).

Methodisch-Didaktischer Kommentar:
- Die Kinder starten nacheinander immer von derselben Richtung aus.
- Wartebereich für Kinder einrichten.
- Den Kindern ggf. Hilfestellung anbieten.
- Seil fest spannen, damit die Kinder dadurch Hilfestellung erhalten.
- Bei älteren Kindern dient das Seil nur zur Orientierung, nicht zum Festhalten.

49 Maulwurf

Ziel:
Förderung der Körper- und Raumwahrnehmung

Materialien:
Verschieden große Kästen, Podeste, Tücher/Schwungtuch, Matten, verschiedene Kleinmaterialien (Seilchen, Chiffontücher, Tennisringe, Hütchen, Sandsäckchen etc.)

Aufbau:
Indem Tücher/ein Schwungtuch über verschieden große Kästen gelegt werden, entstehen flache und hohe Tunnel. Darin können verschiedene Kleinmaterialien ausgelegt werden.

Aufgabe:
Die Kinder kriechen durch den Tunnelparcours.

(Alters-)Variationen:
- Bei längeren Tunneln können Raumwege mit verschiedenen Materialien (Tennisring, Hütchen, Sandsäckchen etc.) gebaut werden.
- Auf verschiedenen Fortbewegungsarten kriechen (z. B. sich in Bauchlage/Rückenlage entlang schlängeln).
- Kinder kriechen aneinander vorbei.
- Hindernisse überwinden.
- Mit geschlossenen Augen kriechen.
- Sich im Hindernisparcours orientieren (z. B. einen Gegenstand suchen bzw. ertasten).

Methodisch-Didaktischer Kommentar:
- Mögliche Ecken und Kanten absichern.

50 Fährten folgen

Ziel:
Förderung der Körper- und Raumwahrnehmung

Materialien:
Farbige Seilchen/Bänder (Mannschaftsbänder), Säckchen, Klebeband, verschiedene Alltagsmaterialien (je 2 von einer Sorte: Radiergummi, Tischtennisball, Bürste, Blätter, Äste, Kastanie, Filz, Watte, Linsen, Gummi, Bierdeckel etc.)

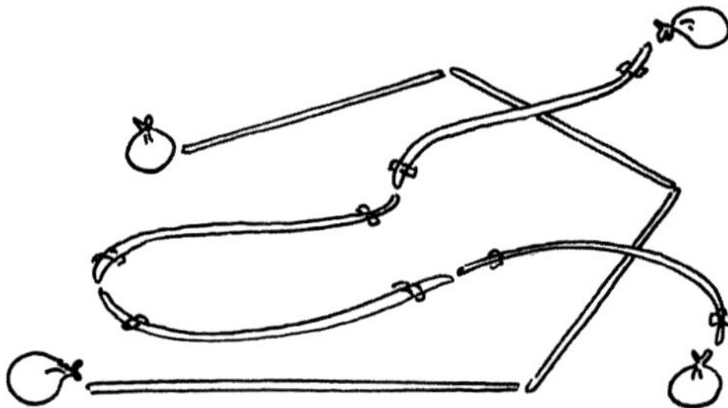

Aufbau:
Mithilfe der verschiedenfarbigen Seilchen bzw. Bänder werden mehrere Wege am Boden gelegt. Damit die Wege nicht verrutschen, werden die Seilchen bzw. Bänder mit Klebeband am Boden fixiert. An beiden Enden eines Weges wird in einem Säckchen ein Gegenstand (z. B. Kastanie) versteckt.

Aufgabe:
Ein Kind erfühlt den Gegenstand im ersten Säckchen und macht sich dann auf den Weg zum anderen Säckchen. Es tastet sich dazu an den am Boden befestigten Seilchen bzw. Bändern entlang. Im zweiten Säckchen befindet sich der gleiche Gegenstand wie im ersten Säckchen. Hat das Kind den richtigen Weg gewählt? Konnte der Gegenstand richtig erraten werden? Die Aufgabe kann mit offenen oder geschlossenen Augen durchgeführt werden.

(Alters-)Variationen:
- Materialien vorher sehen/besprechen vs. unbekannte Materialien.
- Materialien aus dem Klassenzimmer vs. Materialien aus der Natur.

Methodisch-Didaktischer Kommentar:
- Falls mehrere Kinder an dieser Station sind, sollten sie aufeinander Rücksicht nehmen, insbesondere wenn sich ihre Wege kreuzen.
- Die eingesetzten Materialien können nach folgenden Eigenschaften ausgewählt werden: klein – groß, kalt – warm, weich – hart, schmal – breit, kompakt – filigran, wenig – viel, fein – grob etc.

Kettner/Kobel/Wartha: 60 Ideen für Bewegungslandschaften

51 Schatzkiste von Finn und Fine

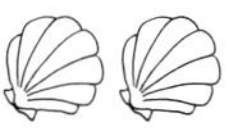

Ziel:
Förderung der Körper- und Raumwahrnehmung

Materialien:
Kleiner Kasten oder Kastendeckel, verschiedene Materialien (Bälle, Seilchen, Chiffontücher, Bierdeckel, Zeitungspapier etc.)

Aufbau:
In einen umgedrehten kleinen Kasten oder Kastendeckel werden viele verschiedene Kleinmaterialien (Bälle, Seilchen, Chiffontücher, Bierdeckel, Zeitungspapier etc.) gelegt.

Aufgabe:
Die Kinder versuchen, die unterschiedlichen Gegenstände mit geschlossenen Augen zu ertasten und zu benennen.

(Alters-)Variationen:
- Materialien vorher sehen/besprechen (ohne sie anzufassen) und danach mit geschlossenen Augen ertasten.

Methodisch-Didaktischer Kommentar:
- In Kleingruppen durchführbar.

52 Barfußstraße

Ziel:
Förderung der Körper- und Raumwahrnehmung

Materialien:
Mehrere Kastendeckel, Kastenteile, verschiedene Materialien (Bälle, Chiffontücher, Seilchen, Zeitungspapier, Watte, Balancier-Igel, Blätter etc.)

Aufbau:
Mithilfe verschiedener Materialien wird eine Barfußstraße aufgebaut.

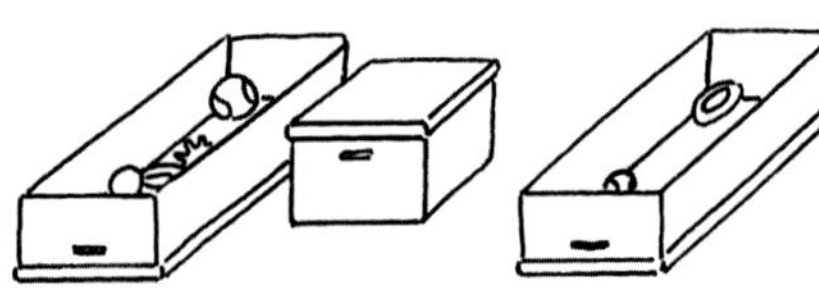

Alternative: 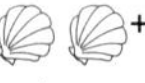
Ein kleiner Kasten wird aufgestellt, vor dem zwei Kastendeckel positioniert werden.
In einem der beiden Kastendeckel liegen verschiedene Gegenstände (Bälle, Seilchen, Chiffontücher, Zeitungspapier etc.). Die Kinder versuchen, mit ihren Füßen bzw. Zehen die Gegenstände zu ertasten, aufzugreifen und von einer Seite auf die andere Seite zu transportieren.

Aufgabe:
Die Kinder gehen behutsam über die verschiedenen Untergründe und versuchen, diese bewusst zu spüren.

(Alters-)Variationen:
- Mit geschlossenen Augen, dabei von anderen Kindern führen lassen.
- Mit geschlossenen Augen einen Gegenstand mit den Füßen ertasten.
- Verschiedene Gangarten (auf Zehenspitzen, kleine/große Schritte etc.).
- Auf allen Vieren kriechen.

Methodisch-Didaktischer Kommentar:
- Diese Station sollte barfuß durchgeführt werden.
- Den Kindern ggf. Hilfestellung anbieten.

53 Wolken

Ziel:
Förderung der Körper- und Raumwahrnehmung

Materialien:
4–6 kleine Kästen oder 2 Kastendeckel, 2 Weichbodenmatten, Matten, viele verschiedene Bälle (Medizinbälle, Gymnastikbälle, Basketbälle, Softbälle etc.)

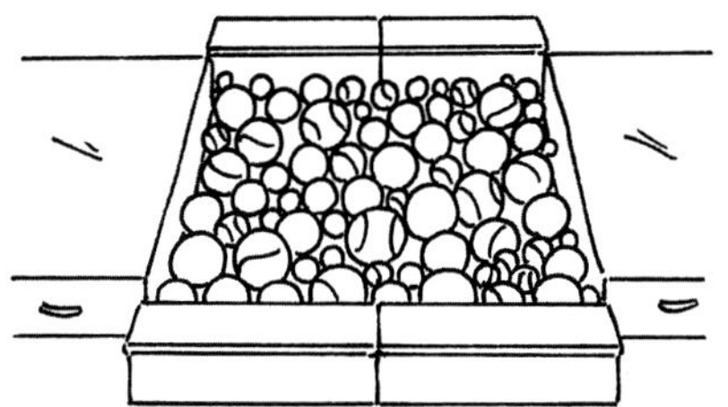

Aufbau:
Mit vielen verschiedenen Bällen wird ein Bällebad aufgebaut. Die Abgrenzung des Bällebads bilden kleine Kästen/Kastendeckel und Weichbodenmatten. Unter den Bällen werden zusätzlich Matten ausgelegt.

Aufgabe:
Die Kinder können im Bällebad spielen, über die Bälle laufen, sich auf allen Vieren von der einen auf die andere Seite bewegen oder sich über die Bälle rollen. Zur Entspannung können sich die Kinder gemütlich ins Bällebad hineinlegen.

(Alters-)Variationen:
- Verschiedene Bewegungsformen (rollen, auf allen Vieren etc.).

Methodisch-Didaktischer Kommentar:
- Es sollten sich nicht zu viele Kinder gleichzeitig im Bällebad befinden.

54 Entspannungshöhle

Ziel:
Förderung der Körper- und Raumwahrnehmung

Materialien:
2 große Kästen, 1 Schwungtuch/Decke, 1 Weichbodenmatte, 1 Reckstange oder Leiter, verschiedene Gegenstände (Chiffontücher, Seilchen, Bierdeckel, Igelbälle etc.)

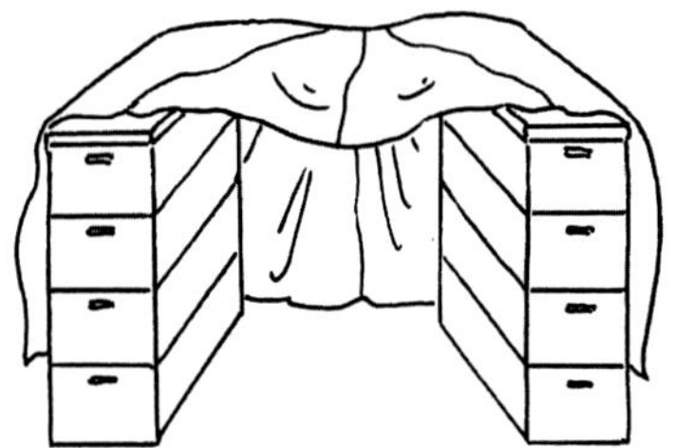

Aufbau:
Zwei Kästen werden mit etwas Abstand zueinander aufgestellt. Um die Entspannungshöhle zu bauen, wird ein Schwungtuch/eine Decke (alternativ: Weichbodenmatte) auf die beiden Kästen gelegt.

Alternative: +
Über die beiden Kästen wird eine Reckstange bzw. Leiter gelegt, an der Chiffontücher bzw. Seilchen festgebunden sind. Zum Verdunkeln kann über die beiden Kästen und die Reckstange bzw. Leiter eine Matte oder ein Schwungtuch/eine Decke gelegt werden.

Aufgabe:
Die Kinder kriechen in die Höhle und ertasten verschiedene Gegenstände oder machen es sich in der Entspannungshöhle gemütlich.

(Alters-)Variationen:
- Die Entspannungshöhle an einer Seite offen lassen.

Methodisch-Didaktischer Kommentar:
- Ggf. Matten in der Höhle auslegen.

55 Augenklappenlabyrinth

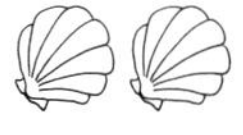

Ziel:
Förderung der Körper- und Raumwahrnehmung

Materialien:
1–2 große Kästen, 1 Barren, 2 Bänke, 1 Weichbodenmatte, Seilchen, Reifen, Spiegel

Aufbau:
Aus den oben genannten Materialien wird gemeinsam mit den Kindern ein Labyrinth aufgebaut.

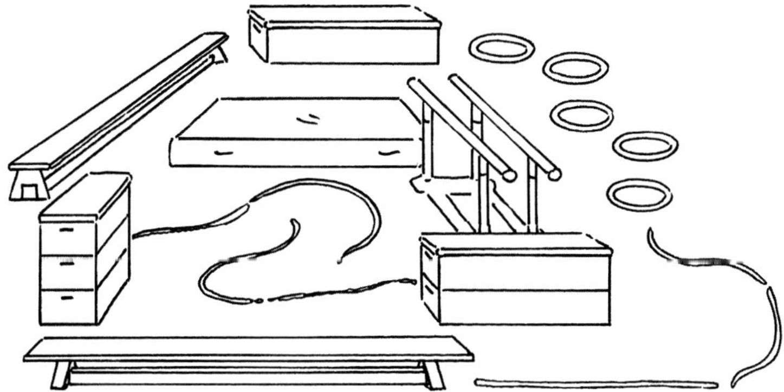

Aufgabe:
Die Kinder bewegen sich zunächst mit offenen, dann mit geschlossenen Augen durch das Labyrinth.

(Alters-)Variationen:
- Kinder in zwei Gruppen aufteilen. Eine Gruppe baut der anderen Gruppe einen „unbekannten" Parcours auf.
- Mit geschlossenen Augen, dabei helfen sich die Kinder gegenseitig (z. B. durch Zuruf oder Führen an der Hand).
- Rückwärts mithilfe eines Spiegels gehen.

Methodisch-Didaktischer Kommentar:
- Mögliche Ecken und Kanten absichern.
- Beim Aufbau des Labyrinths die Fantasie der Kinder mit einbeziehen.

56 Sanfte Brise

Ziel:
Förderung der Körper- und Raumwahrnehmung

Materialien:
1 Barrenholm/Reckstange, Seilchen, Chiffontücher

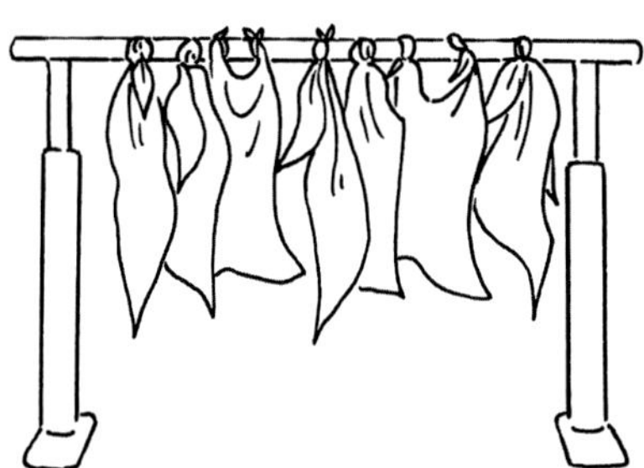

Aufbau:
An einem Barrenholm/einer Reckstange werden Seilchen oder Chiffontücher befestigt.

Aufgabe:
Die Kinder laufen von einer auf die andere Seite unter dem Barrenholm/der Reckstange hindurch. Dabei streichen die Seilchen bzw. Chiffontücher leicht über ihre Köpfe und Schultern.

(Alters-)Variationen:
- Mit geschlossenen Augen, dabei helfen sich die Kinder gegenseitig durch Führen an der Hand.

Methodisch-Didaktischer Kommentar:
- Die Kinder sollten sich immer nur von einer Richtung her kommend unter dem Barrenholm/der Reckstange hindurchbewegen.

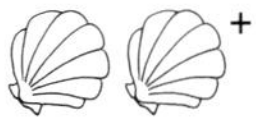

57 Schatzsuche

Ziel:
Koordinationsschulung

Materialien:
Mehrere Kästen/Kastendeckel (optional: Sprungbretter), Bänke, Taue/Ringe/Strickleiter, Gurte, 1 Minitrampolin, Matten, Weichbodenmatten, 1 Schwungtuch

Aufbau:

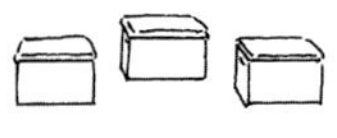

① Schildkrötenweg:
Drei bis vier kleine Kästen werden mit etwas Abstand zueinander aufgestellt. Damit die Kinder keine nassen Füße bekommen, versuchen sie, vorsichtig auf dem Schildkrötenweg von Kasten zu Kasten zu gelangen, möglichst ohne dabei den Boden zu berühren.

② Wackelsteg:
Eine umgedrehte Bank wird auf einen kleinen Kasten, Kastendeckel oder zwei sich gegenüberstehende Sprungbretter gestellt. Die Kinder balancieren nun vorsichtig über den Wackelsteg. Dabei sollte für Kinder, die nicht an der Reihe sind, ein Wartebereich eingerichtet werden.

③ Piratenhöhle:
Zwei Kästen werden mit etwas Abstand zueinander aufgestellt. Zur Abdeckung wird darüber ein Schwungtuch gelegt. Die Kinder kriechen durch die Höhle und versuchen dabei, die Höhlenwände nicht zu berühren.

④ Unser Schiff „Seegurke“:
Vor einer Weichbodenmatte wird ein Minitrampolin aufgebaut. Um auf das Schiff zu kommen, nehmen die Kinder Anlauf und springen vom Minitrampolin auf die Weichbodenmatte.

TIPP:
Als Anlaufhilfe kann vor das Minitrampolin eine Bank gestellt werden.

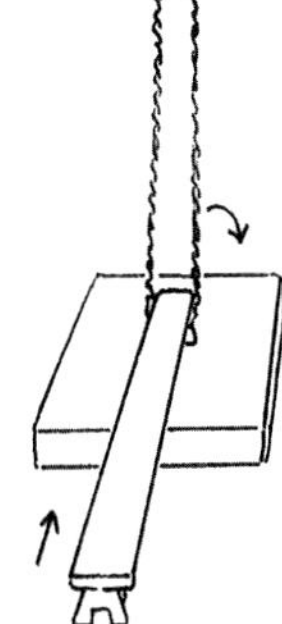

⑤ Sprung ins Meer:
Eine Bank wird durch Gurte schräg mit einem Ende an einem Tau, den Ringen oder einer Strickleiter befestigt. Die Station wird dahinter mit einer Weichbodenmatte und ggf. weiteren Matten abgesichert. Die Kinder balancieren auf der Bank nach oben oder ziehen sich in Bauchlage hinauf und hüpfen anschließend mit einem Sprung ins Meer.

Aufgabe:
Die Kinder sind auf einer unbekannten, abenteuerlichen Insel gelandet und machen sich nun auf Entdeckungsreise. Vielleicht finden sie auch einen Schatz?

(Alters-)Variationen:
- Höhe der Stationen variieren.

Methodisch-Didaktischer Kommentar:
- Den Kindern ggf. Hilfestellung anbieten.
- Zwischen den einzelnen Stationen können als Verbindungen einzelne Matten, Bänke, Teppichfliesen (rutschfest!), Reifen etc. verwendet werden.

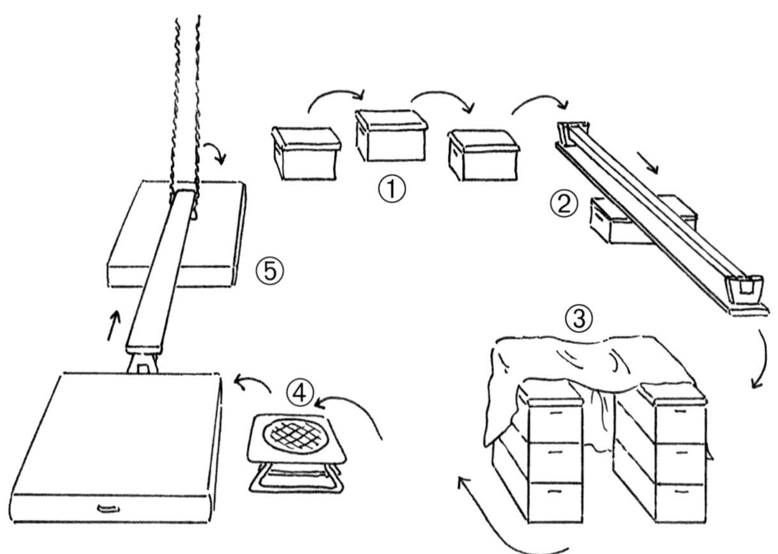

58 Im Dschungel der Piraten

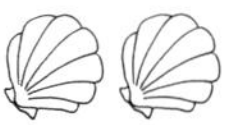

Ziel:
Koordinationsschulung

Materialien:
Mehrere Kästen/Kastendeckel, Bänke, Matten, Weichbodenmatten, Taue, Sprossenwand

Aufbau:

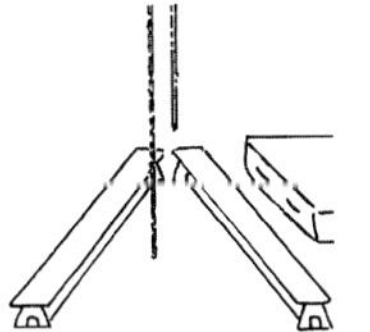

① Piratenberg:
Ein großer Kasten wird aufgebaut. Je nach Höhe des Kastens kann davor eine Kastentreppe oder Bank als Aufstiegshilfe verwendet werden. Hinter den Kasten wird eine Weichbodenmatte gelegt. Die Kinder klettern auf der Kastentreppe nach oben, schauen über den Berg und klettern auf der anderen Seite wieder nach unten bzw. springen auf die Weichbodenmatte.

② Krokodilgraben:
Zwei Bänke werden in V Stellung zueinander aufgestellt, sodass ein Graben entsteht. Mit Tauen können sich die Kinder über den Krokodilgraben schwingen.

③ Der Treibsand:
Ein Kastenteil wird als Treibsand auf eine Matte gelegt. Die Kinder versuchen, schnell durch den Treibsand zu gelangen, damit sie nicht einsinken.

④ Hügellandschaft:
Mehrere kleine Kästen werden hintereinander aufgebaut, dazwischen liegen Matten. Die Kinder klettern über die Hügellandschaft.

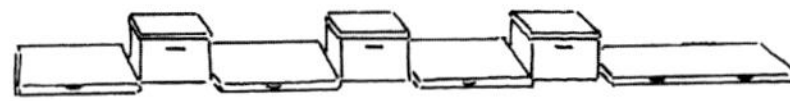

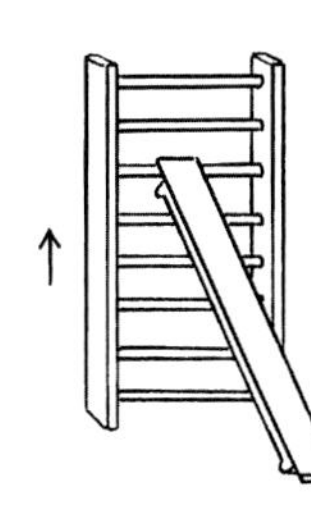

⑤ Piratenrutsche:
Eine Bank wird in die Sprossenwand eingehängt. Die Kinder klettern die Sprossenwand nach oben und rutschen die Piratenrutsche wieder hinunter.

Aufgabe:
Die Kinder bewegen sich durch den Dschungel der Piraten und überwinden dabei unterschiedliche Hindernisse.

(Alters-)Variationen:

- Höhe der Stationen variieren.

Methodisch-Didaktischer Kommentar:

- Den Kindern ggf. Hilfestellung anbieten.
- Zwischen den einzelnen Stationen können als Verbindungen einzelne Matten, Bänke, Teppichfliesen (rutschfest!), Reifen etc. verwendet werden.

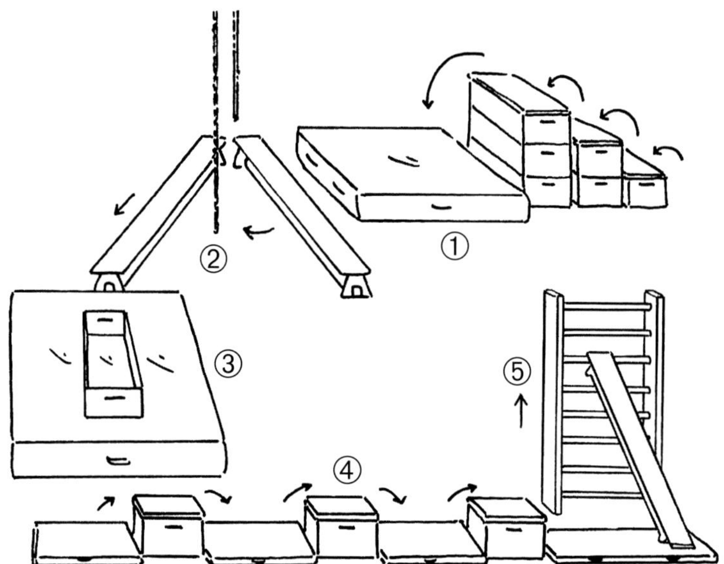

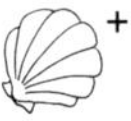

59 Landrattenlauf

Ziel:
Koordinationsschulung

Materialien:
Mehrere Kästen/Kastendeckel, 2 Sprungbretter, Taue/Ringe, 1 Weichbodenmatte, Bänke, Matten, Stäbe, Reifen

Aufbau:

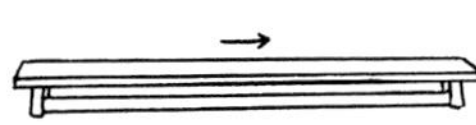

① Balanciergasse:
Eine Bank wird als Schiffsbrücke aufgestellt, auf der die Kinder hinüberbalancieren.

② Wellengang:
Unter einer Matte werden mehrere Stäbe ausgelegt. Wer ist mutig und geht auch bei Wellengang über das Schiff?

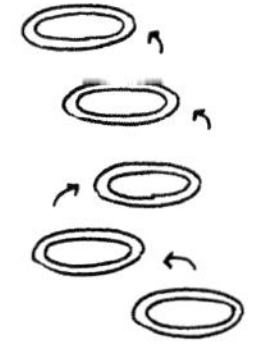

③ Von Pfütze zu Pfütze:
Mehrere Reifen werden hintereinander oder versetzt zueinander auf den Boden gelegt. Die Kinder springen in die Reifen von Pfütze zu Pfütze.

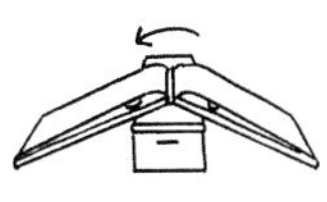

④ Schiffsbrücke:
Auf einen Kastendeckel werden zwei Sprungbretter als Schiffsbrücke gelegt, über die die Kinder hinübergehen können.

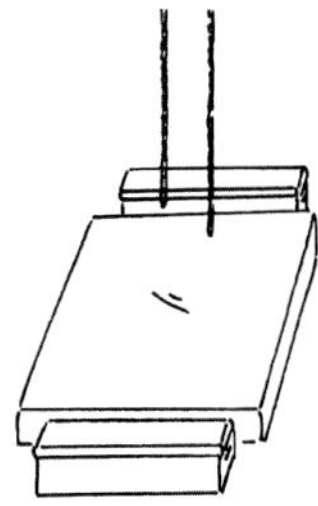

⑤ Segel hissen:
Zwei Bänke oder Kastendeckel werden im Bereich der Taue oder Ringe mit etwas Abstand zueinander aufgebaut. Die Kinder schwingen von der einen zur anderen Seite. Dazwischen wird eine Weichbodenmatte ausgelegt.

Aufgabe:
Die Kinder bewegen sich durch den Parcours.

(Alters-)Variationen:
- Hindernisse übersteigen.
- Gegenstände transportieren (z. B. Sandsäckchen auf dem Kopf).
- Verschiedene Gangarten (z. B. kleine/große Schritte, im Ballenstand, Rückwärtsgehen).

Methodisch-Didaktischer Kommentar:
- Den Kindern ggf. Hilfestellung anbieten.
- Zunächst die Richtung vorgeben, in der sich die Kinder bewegen.

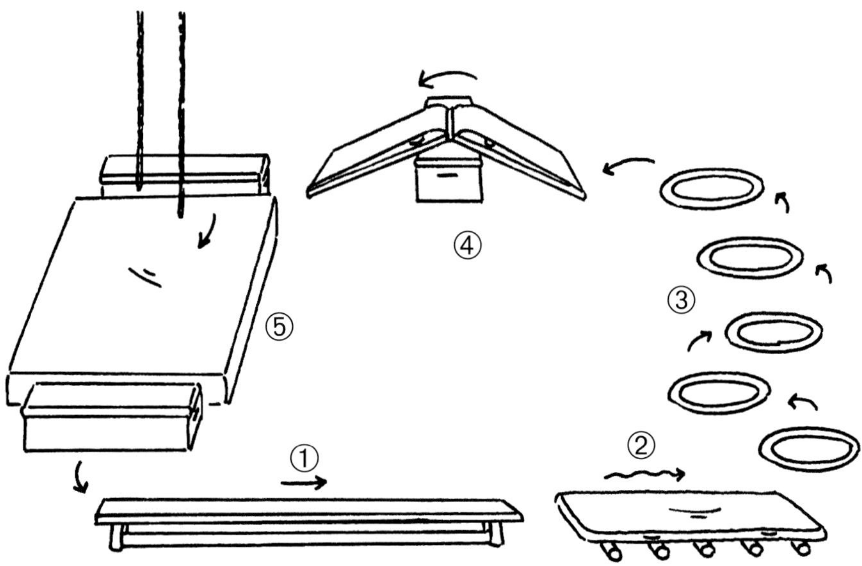

60 Piratenhöhle

Ziel:
Koordinationsschulung

Materialien:
Mehrere Kästen/Kastenteile/Kastendeckel, 1 Schwungtuch, 1 Bank/Leiter, 1 Weichbodenmatte, Matten, Podeste, Bälle (z. B. Medizinbälle), Ringe

Aufbau:

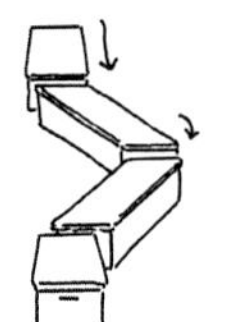

① Baumstamm:
Die Kastendeckel oder kleinen Kästen werden hintereinander aufgebaut. Die Kinder versuchen, über den Baumstamm zu balancieren, ohne herunterzufallen.

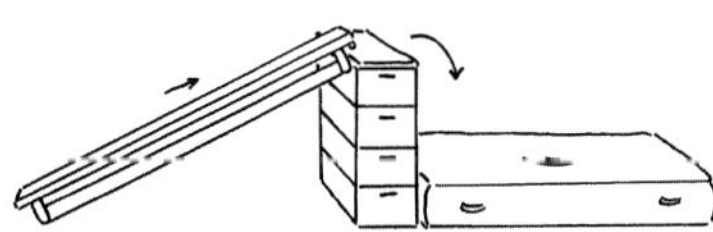

② Aufstieg:
Eine Bank oder Leiter wird in einen Kasten eingehängt. Dahinter kann eine Weichbodenmatte ausgelegt werden. Die Kinder wagen den Aufstieg über die Bank bzw. Leiter und springen vom Kasten auf die Weichbodenmatte.

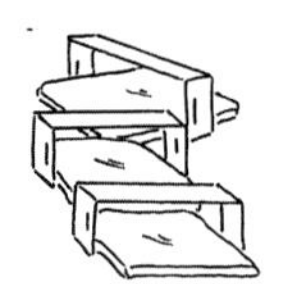

③ Kriechtunnel:
Auf Matten werden mehrere einzelne Kastenteile mit der Kastenlängsseite auf dem Boden hintereinander aufgestellt, durch die sich die Kinder durchschlängeln können.

④ Sumpftrampeln:
Mehrere Matten werden über Bälle (z. B. Medizinbälle) geschichtet. Über den Sumpf bewegen sich die Kinder laufend und hüpfend oder rollen sich darüber.

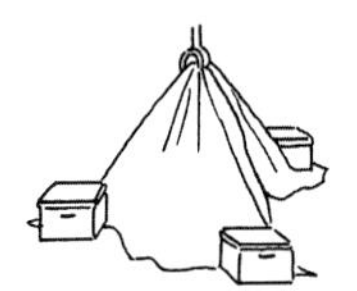

⑤ Piratenhöhle:
In den Ringen wird ein Schwungtuch in der Mitte einhängt. Rings um die Piratenhöhle werden kleine Kästen positioniert und das Schwungtuch daran befestigt. In der Piratenhöhle können sich die Kinder ausruhen, wenn sie müde sind.

Aufgabe:
Die Kinder durchlaufen den Parcours und können anschließend in der Piratenhöhle verschnaufen.

(Alters-)Variationen:
- Hindernisse übersteigen.
- Gegenstände transportieren.
- Verschiedene Gangarten (z. B. kleine/große Schritte, im Ballenstand, Rückwärtsgehen).
- Mehrere Kinder in unterschiedliche Richtungen starten lassen, damit diese sich begegnen und aneinander vorbeigehen.

Methodisch-Didaktischer Kommentar:
- Den Kindern ggf. Hilfestellung anbieten.
- Zunächst die Richtung vorgeben, in der sich die Kinder bewegen.
- Es sollten sich immer nur ein paar Kinder in der Höhle ausruhen.

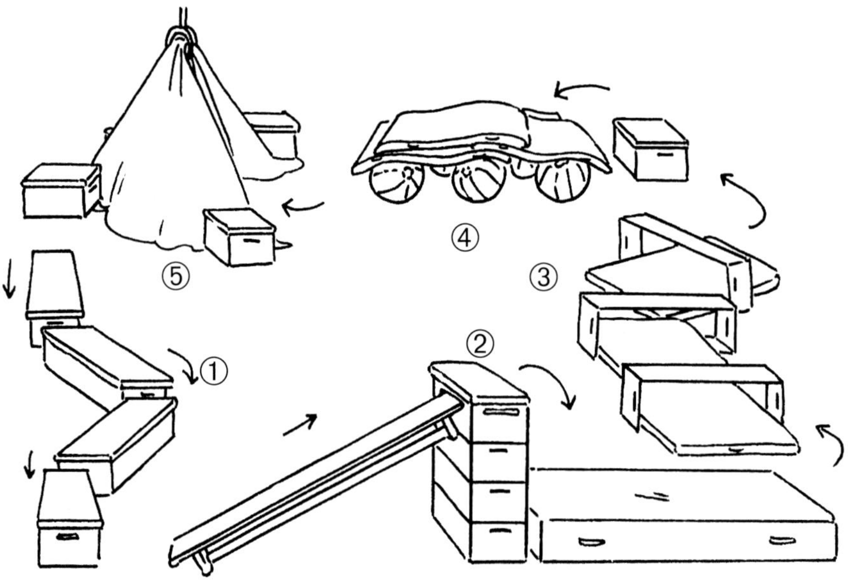